高中地理教师教学研究

我的地理教学行与思

蒋少卿 著

上海社会科学院出版社

图书在版编目（CIP）数据

我的地理教学行与思 / 蒋少卿著 .— 上海：上海社会科学院出版社，2022
ISBN 978-7-5520-3875-0

Ⅰ.①我… Ⅱ.①蒋… Ⅲ.①中学地理课—教学研究 Ⅳ.①G633.552

中国版本图书馆 CIP 数据核字（2022）第 075633 号

我的地理教学行与思

著　　者：蒋少卿
责任编辑：路　晓
封面设计：徐　蓉
出版发行：上海社会科学院出版社
　　　　　上海顺昌路 622 号　邮编 200025
　　　　　电话总机 021-63315947　销售热线 021-53063735
　　　　　http://www.sassp.cn　E-mail:sassp@sassp.cn
照　　排：上海碧悦制版有限公司
印　　刷：上海龙腾印务有限公司
开　　本：787 毫米×1092 毫米　1/16
印　　张：13.5
字　　数：254 千
版　　次：2022 年 5 月第 1 版　2022 年 5 月第 1 次印刷

ISBN 978-7-5520-3875-0/G·1179　　　　　　　　　　　　定价：68.00 元

版权所有　翻印必究

序

  陶行知先生有言："要想学生好学，必须先生好学，唯有学而不厌的先生才能教出学而不厌的学生。"作为青年教师，好学是根本，唯有好学才会有好的教育引导，好的教学成绩，才会有好的专业发展。蒋少卿老师就是这样一位好学的年轻教师。作为常熟市中学地理教研组走出的又一位苏州市级的教学骨干，蒋少卿老师充分展示出好学的精神：向组内的特级教师学习，向其他学科的教师进行跨学科学习，向地理同伴学习，向教育理论书籍学习，逐渐形成了自己较稳定的教学风格和较成熟的教学主张。特别是教育科研，很多教师视作"畏途"，蒋少卿老师却学在其中，悟在其中，乐在其中，从常熟市微型课题做起，一直到主持江苏省教育科学规划重点资助课题。

  学习是专业发展的第一步，行动是专业成长的关键。蒋少卿老师有个很重要的特点就是"性子急"，有了想法就会及时行动，而且完成速度非常快。这使她能够以实践来验证自己的教学思想，使她能够快速应对课程改革的步伐。专业行动不仅包括在课堂教学上，也包括论文撰写、课题研究、校本教材的编写等。近几年，随着高中地理选修学生的增多，蒋老师的课务排得很满，但她还能挤出时间进行教学研究、课题研究、社团活动指导等，仅在课题研究方面，近五年就主持了7个省市级结题。她认为这些研究活动并不是可有可无，而是使自己在教学中有更深刻的思考，更高的学术视野，同时也能够以自己的研究方法引导学生开展科学探究。而且，所有这些研究活动、实践活动都是相通的，目标都是为了学生的更好发展。

在二十年的教学实践中，蒋少卿老师从懵懂青涩的新教师成长为苏州市级骨干教师，这离不开其主动学习、积极实践，更离不开她的积极思考。二十年一线教师的经历让蒋老师积累了大量的素材，收获了太多的风景。但"思"是她的智慧行囊，背着智慧行囊，才不会迷失方向，才可以走得更远。而写作，能使纷杂零星的思考得到梳理和沉淀，也使思考更深入，思维更活跃。蒋少卿老师近几年发表的多篇较高质量的论文就是思考的结晶，特别是真实情境下的评价、跨学科素养培育等内容，具有一定的前瞻性，这些论文有的被人大复印资料全文转载，有的与学校其他成果一起，为学校获得苏州市基础教育成果特等奖（2020）、江苏省基础教育成果一等奖（2021）做出了贡献。

如果说完成每天繁重的教学任务是一场忙碌的行走，那么，没有教学研究和思考，教师只能是一个没有灵魂的匆匆过客。蒋少卿撰写本书的最大意义在于告诉每个青年教师，课堂教学需要灵魂，需要课前课后持续的研究和思考。叶澜说，教育是向未知道路前行的一段旅程，随时可能遇到新的困难和问题，也随时可能遇到美丽的风景。一个教师的专业发展就是体验旅程，发现问题，研究问题，随时记录美丽的风景。

以此为序。

江苏省特级教师：邵俊峰

自　序

本人自2002年徐州师范大学城市与环境学院地理教育专业毕业，在常熟市中学任教至今，一晃已过二十个春秋。回首二十载，往事历历在目，刚开始，上课结结巴巴，写论文像记流水账，不知课题为何物，觉得讲座是高级智慧的殿堂。现在，自己能够上各级各类的公开课并获得多项奖励，写论文并成功发表，主持各级各类课题项目，开展各类专题讲座。一位教师应该做些什么，一位新教师如何才能一步步走向成熟？我想把自己这二十年的一些心得体会介绍给大家，让大家了解教师除教书外还能做些什么。

有的教师刚到工作岗位，觉得做教师只要上课完成任务就行了，但其实不然，本书的目录就是想要告诉大家，一位教师除了上好课之外，还有很多应该要去做的。当然，目录中的呈现也只是我所做的，很多教师做的应该远远不只这些。有的教师认为，自己上课都来不及，没时间做这些；还有的教师认为，人生苦短，应及时行乐；有的教师会认为，自己不是那块料，不会做；还有的教师认为教师就是授书育人，忙太多事情影响上课。其实我觉得，传道授业解惑固然是教师的职责，但是，如果每天多花一点点的时间和精力放在教学与研究中，就会有意想不到的收获。

我筹谋了很长时间，想要将我从教二十年所做的、所想的记录下来。经过长时间地思考和准备，深思熟虑后，最后决定分为六个部分，主要记录我平时的一些课堂教学、论文写作、课题研究、专题讲座、校本课程编写及关于地理教学方法的建议，供教师们参考。

课堂教学部分是我曾经讲过的一些典型课例或是获奖的课例，里面有上课札记、教案及课后反思等。上课札记记录的是我上课时的一些小故事、上课背景或是一些教学思路、想法等。教案是上课的主要流程，有具体的环节、学生活动以及设计意图等。通过这些内容的展现，希望教师们能对这节课的流程有所了解，对今后如何上好课有所启发。

论文写作部分是我发表的部分论文，还有我对论文写作的一些想法。论文写作是一个循序渐进的过程，不可能一蹴而就，需要大家多读、多看、多思、多练。

课题研究内容展示了我曾经做过的一些课题，供大家参考。一类是县（市）级课题，一类是省级课题（大市级和它有点类似），这类课题的流程和县市级的略有不同，级别更高，要求更高，做课题的难度也更大。最后，还介绍了专项课题，以叶圣陶专项课题为例。由于篇幅有限，只展示了课题的结题汇报内容，若有机会可以将课题其他部分内容再做详细介绍。

专题讲座部分介绍了两类，分为教学理论研究方面和学科教学方面。教学理论研究讲座主要围绕开放性课堂和地理实践力展开，这是我多年来专注的研究方向，我的很多课堂教学研究和教学理论研究都是以此为核心展开，讲座中将我获得的一些理论与实践成果介绍给大家。学科教学讲座是应新疆克孜勒苏柯尔克孜自治州的学校邀请开展的学科教学视频录制的讲座，我将高中地理教学中某一章的教学思路和克州的教师们做了分享。

校本课程编写是我校的一个特色项目，我编写的校本课程涉及很多方面，其中，最有特色的是关于常熟乡土地理方面的。由于篇幅有限，我选择了其中的三节内容进行展示。我觉得，每位教师都应有自己独特的校本课程，既可以展现自己的学科教学特色，也可以作为自己的教学延伸。

最后一部分是关于地理教学的一些建议，这部分是我近年来地理教学的一些心得体会。教师们在今后的教学中会遇到很多相关的问题，如怎样上好地理教学第一课，如何将互联网应用到地理教学以及情景案例教学中等。

  这本书记录了我作为一名人民教师的成长历程，回首二十载，还有很多遗憾和不足，希望得到专家们的批评与指正。

蒋少卿

2021 年 10 月于江南小城常熟

目 录

序 / 001

自序 / 003

第一章　课堂教学 / 001

第一节　教材课程 / 003

必修课"河流地貌的发育——以澜沧江—湄公河流域为例" / 003

选修课"人类面临的主要资源问题" / 007

信息技术整合课"'一带一路'带来的区域发展" / 011

专题课"区域分析方法与区域发展研究——以俄罗斯为例" / 017

第二节　线上课程 / 021

热点讨论"交通运输方式和布局变化的影响" / 021

案例教学"服务业区位复习" / 026

问题研究——能否淡化海冰解决环渤海地区淡水短缺问题 / 031

第三节　校本课程 / 037

主题式课程"干旱——以甘肃省为例" / 037

跨学科课程"游览罗马万神庙" / 041

第二章　论文写作 / 047

第一节　跨界课堂研究 / 049

高中地理开放性课堂之跨界课堂的实践研究 / 049

跨界课堂下学生综合思维的培养 / 056

第二节　核心素养培育 / 062

　　　　　　构建开放性地理教学模式，培养学生地理核心素养 / 062

　　　　　　对地理概念教学的几点认识 / 067

第三节　信息技术应用 / 071

　　　　　　基于 Google Earth 软件培养学生的区域认知能力 / 071

　　　　　　运用信息技术构建高中地理开放课堂 / 075

第四节　地理教学评价 / 081

　　　　　　高中地理课程地理实践力评价体系研究与实践 / 081

　　　　　　基于跨界课堂真实情境下的学生跨学科素养分级评价 / 090

第三章　课题研究 / 099

第一节　县（市）级课题研究 / 101

第二节　省级课题研究 / 108

第三节　专项课题研究 / 140

第四章　专题讲座 / 153

第一节　教学理论类 / 155

第二节　学科教学类 / 159

第五章　校本编写 / 161

第一节　常熟的森林和湿地 / 163

第二节　常熟旅游资源的开发和保护 / 167

第三节　台风"山竹"和常熟洪涝 / 172

第六章 教学感悟 / 177

第一节　第一节地理课教"学法" / 179

第二节　地理教学需要把握学情 / 181

第三节　建立学习地理的激励机制 / 183

第四节　优化地理教学设计的四个方法 / 185

第五节　教材"活动内容"的实施 / 188

第六节　乡土地理教学培养学生创新能力 / 191

第七节　"教学案一体化"的利与弊 / 194

第八节　互联网下的地理教学 / 196

第九节　运用地理图像培养思维能力 / 199

第十节　高中地理要多采用案例教学 / 202

第一章

课堂教学

第一节　教材课程

必修课"河流地貌的发育——以澜沧江—湄公河流域为例"

📝 上课札记

　　2020 年 12 月应老同学邀请参加姜堰中学的第三届"生命课堂"对外展示活动，这次活动的主题是让"核心素养在深度学习中落地生根"。我与姜堰中学的李老师开设同课异构新教材鲁教版《探秘澜沧江—湄公河流域的河流地貌》。关于河流地貌我已经开设过多次课，但是这次课与以往的有所相同又有所不同。上课内容选用的是鲁教版教材，与人教版老教材中《河流地貌的发育》一课类似，以澜沧江—湄公河流域为例分析河流地貌的形成，是有案例背景的，因此我把教材认真研究了好几遍。鲁教版的教材内容基本上都是以某个真实情境案例为核心，展开地理规律的教学研究，是非常好的教材编写方式。教材内容以澜沧江—湄公河流域展开，在不同的河段，都附有清晰的景观照片，让学生直观地感受到不同河段的地表形态，要求学生认识并分析对某种地表形态的形成过程，让学生们从感性认识到理性认识，逐渐深入了解分析，掌握河流地貌发育的规律。我在进行教材分析研究时决定先理清各河段的形成过程，再把规律应用至澜沧江—湄公河流域，这样，一切问题就迎刃而解。后来在查询资料过程中还找到了中国与该流域沿线各国的"澜—湄合作机制"的相关内容，最后提出流域内人类与自然的和谐统一，树立学生正确的人地协调观。课后我又给学生布置了一个作业：完成地理小实验，模拟冲积扇的形成。培养了学生地理实践力，地理四大核心素养也都落实到位，也印证了这次活动的主题。这次活动让我们两位教师分别开课，恰巧我们分别使用了两种不同的教学思路：归纳法和演绎法。让听课教师感受了不同类型的教学方法，非常默契的两节课。

必修课"河流地貌的发育——以澜沧江—湄公河流域为例"教案

主题	研究河流地貌的发育
课题	河流地貌的发育——以澜沧江—湄公河流域为例
教学目标	1. 通过展示澜沧江—湄公河流域案例,帮助学生提高区域认知能力。 2. 通过展示视频、动画和图片材料,让学生分析河流在不同河段所受到的不同的流水作用,培养学生的综合思维能力和地理实践力。 3. 通过视频及材料,让学生分析实现澜湄合作的重要性,了解对国际性河流的合理开发和利用,培养学生的人地协调观。
教学重点和难点	认识河流地貌及其形成过程;分析影响河流地貌发育的因素;分析典型的河流地貌景观的形成过程;如何合理开发和利用河流。
学情分析	学生基本已经完成了常见地貌类型的学习,对内力作用和外力作用有了一定的了解和认识,但是对于典型的河流地貌景观还是难以掌握和应用,而且对于实际的问题也认识不够,无法深入理解。因此需通过进一步讲解河流地貌的发育,帮助学生认识外力作用中的流水作用。
教法	案例教学法、实验演示法
课时	1

教学过程

	教师活动	学生活动	设计意图
环节1 导入	导入澜沧江—湄公河流域的简介视频,学生观察该流域主要流经的地形区。	学生观察视频,结合地图册观察该流域主要流经的地形区。	让学生认识澜沧江—湄公河流域,了解该流域主要流经的地形区,培养学生的区域认知能力。
环节2	展示流域内具体的地形区景观图片和完整的流域内地形图,让学生完成连连看。	学生通过刚才的视频,再观察图中信息,得出图中对应的地形区。	通过视频,让学生判断在不同的流域可能出现的地形,培养学生的综合思维能力。
环节3	观察学生实验视频,分析图中流水作用有哪些?	学生观察视频,思考问题。	通过实验视频,让学生直观感受流水作用,进一步了解河流地貌发育的过程。

(续表)

	教师活动	学生活动	设计意图
环节 4	不同方向的侵蚀作用分别会形成怎样的地表形态?	学生观察视频,思考问题。	通过实验视频,让学生直观感受流水的侵蚀作用,在不同的河段会有怎样的河流地貌。
环节 5	观察视频,分析影响流水侵蚀作用的因素有哪些。	根据上述分析,学生总结归纳。	根据分析,学生总结归纳影响流水侵蚀作用的因素,培养学生的综合思维能力和地理实践力。
环节 6	观察图片,分析什么是河流袭夺,什么是河流阶地。	让学生读图分析满足河流袭夺的条件,分析阶地的形成过程。	根据图片展示,让学生认识、了解、分析河流袭夺过程和阶地形成过程,培养学生的综合思维能力。
环节 7	读图观察河流的搬运作用,分析河流的三种搬运作用。	学生读图分析,阐述三种流水的搬运作用。	学生观察分析。
环节 8	读图,分析流水堆积作用的规律和影响因素。	学生读图分析,并指出影响因素。	让学生自主分析,有利于培养学生的综合思维能力和地理实践力。
环节 9	读图,分析冲积扇的形成过程。	学生读图思考并分析。	学生观察图片分析。
环节 10	观察视频和动画,分析曲流的形成过程。	要求学生分析曲流的形成过程,及河流发生弯曲的可能原因。	让学生观察视频和读图,培养学生的综合思维能力和地理实践力。
环节 11	展示河口三角洲的形成过程,展示河口三角洲的不同形态。	学生分析河口三角洲形成的可能影响因素。	让学生观察视频和读图,培养学生的综合思维能力和地理实践力。
环节 12	展示图片,总结河流的堆积地貌。	学生总结流水堆积作用、形成的地貌、分别位于河道的哪些位置。	让学生总结归纳,完成导学案。

（续表）

	教师活动	学生活动	设计意图
环节13	分析六幅景观图所对应地图中澜沧江—湄公河流域的位置，并分析其成因，描述其特征（形态、坡度、组成物质等）。	学生分析图中事物，归纳总结，完成导学案。	让学生归纳总结，培养学生的区域认知、综合思维能力。
环节14	2015年4月6日，我国首次实现澜湄对话，发展至今，已经连续开展了5年。2020年11月27日，举行了第十七届中国-东盟博览会、中国-东盟商务与投资峰会，习近平主席发表重要讲话，他表示，中国和东盟山水相连、血脉相亲，友好关系源远流长。我们要推动共建"一带一路"高质量发展，为双方经济社会发展注入新活力。对此你有何建议？	让学生分析，同饮一江水，合理规划、合理利用国际性河流的重要性。	通过案例分析，培养学生正确的人地协调观。
教学反思	通过该节课，学生对河流地貌有了全面的认识，并且对于不同河段形成怎样的河流地貌，也有了初步的了解。但是对于影响流水的侵蚀、搬运和堆积作用的因素，理解和分析比较困难，需加强巩固知识点。对于流域的开发利用，尤其是国际性河流的开发利用，需进一步开展深入学习，培养学生的地理核心素养。		
板书	作用力　上游　　　中游　　　下游 　　　　（下蚀、溯　（侧蚀）　（侧蚀） 侵蚀　　源侵蚀） ↓搬运　　V形谷→河床展宽→槽形　→　流域的合理开发 堆积　　冲积扇　河漫滩、　冲积平 　　　　洪积扇　河漫滩　原、三 　　　　　　　　平原　　角洲		

选修课"人类面临的主要资源问题"

上课札记

这节课是我在 2017 年 4 月赴山东单县第一中学交流的一节公开课,这节课是老教材《环境保护》中的一节内容"人类面临的主要资源问题"。《环境保护》这本教材在当年的高考模式中属于选修内容,高考中有一道 10 分的综合题,因此虽然是选修教材,也还是需要认真研究。《环境保护》的教材结构比较清晰,内容比较简单,考题基本关联时事热点的一些环保问题。

单县一中在单县是最好的学校,学校的规模大得惊人,全校三个年级,每个年级有 60 个班,每个班 50 多人。

这次公开课,学校十分重视,通知学生到阶梯教室上课,还架起了摄像机,光听课的地理教师就有二三十位。上课时给我的感觉就是学生很热情,回答问题、合作探究都非常活跃,学生学习的主动性很强,这是我们这的学生所不及的。

单县一中交流结束后,我还请求单县的老师将录课传输给我,后来我的这节课被评为"一师一优课"苏州市优质课。非常感谢单县一中给我这个机会。

这是一节去异地开设的公开课,对于异地开课,我总是会这样设计方案,一般都根据教学内容结合当地的实际情况适当加入当地的乡土地理。学生对家乡比较熟悉,这样不仅容易上手,而且有一种亲切感。通过乡土地理的渗透,可以拉近教师和学生的距离,更有利于开展教学合作。当然,这样也加大了备课难度,要熟悉其他地方的乡土地理并不容易,所以教师们要多做课前的准备工作。这节课我是从南水北调工程讲起,沟通了长江和黄河,通过水利工程建设,拉近山东和江苏的距离,然后引入当地的水资源问题。在耕地资源的内容中,我还引入了山东省的耕地资源现状及问题等,之后再引出我国的耕地资源问题及世界耕地资源问题。最后对于矿产资源,让学生进行了一次辩论活动。正方:矿产资源面临枯竭将会严重影响人类生产与生活。反方:矿产资源面临枯竭对人类的生产生活影响不大。学生辩论兴趣高涨,都下课了还在激烈地辩论,觉得一节课的时间太短了。我记得在甘肃庆阳授课"交通运输方式和布局变化的影响"时,我是从庆阳的地形和交通入手的,学生们都很积极,说明学生对庆阳的交通运输方式和布局都非常感兴趣。我当时提出了一个问题,从庆阳至常熟该怎么走,学生说出了很多种运输方式,其中还说了走公路的话要经过了哪几条高速公路,竟然连走哪条高速的名称都能很连贯地说出来，学生的能力永远超乎你的想象，所以至今都令我记忆犹新。

选修课《人类面临的主要资源问题》教案

主题	研究环境问题中主要的资源短缺问题
课题	人类面临的主要资源问题
教学目标	1. 根据资料说明世界和中国淡水资源短缺的原因及危害，培养学生的区域认知和人地协调观。 2. 根据资料说明世界和中国耕地资源减少的原因及危害，培养学生的地理实践力和人地协调观。 3. 举例说明一些矿产资源濒临耗竭的原因及危害，培养学生的综合思维能力和人地协调观。
教学重点和难点	1. 分析某些资源短缺的原因和危害。 2. 分析某些资源短缺的应对措施。
学情分析	学生基本已经了解了环境问题中的环境污染和生态破坏，第三章围绕资源短缺展开，前三章主要是针对三大类环境问题。
教法	案例教学法、合作探究法
课时	1

教学过程

	教师活动	学生活动	设计意图
环节1 导入	什么是自然资源？	学生各抒己见，提出自己的想法和意见，说出在平时接触中有哪些属于自然资源。	让学生打开思路，引出今天所研究的主题——自然资源。
环节2	展示南水北调东线工程，提问山东面朝大海，为何政府要花巨资建设南水北调工程？	学生思考。	提高学生的要素综合思维水平。

(续表)

	教师活动	学生活动	设计意图
环节 3	读图分析山东省等降水量线分布图。思考问题 1. 分析山东省的降水量分布特点及原因。2. 菏泽和日照分别年降水量是多少？3. 总量不少，为何还会缺水？	学生合作讨论研究分析问题。	培养学生的综合思维能力和区域认知能力。
环节 4	虽然山东面朝大海，春暖花开时却是最缺水的时候。为什么会出现春旱现象？采取什么办法？会引起什么生态问题？	学生合作讨论研究分析问题。	培养学生的综合思维能力、区域认知能力和人地协调观。
环节 5	分析新加坡和我国香港也需要输水的原因。	学生思考回答。	培养学生的综合思维能力、区域认知能力和地理实践力。
环节 6	水资源短缺，径流少会导致缺水，但是为何长三角也会缺水呢？	学生思考回答。	让学生们从多方面思考缺水的原因。
环节 7	总结水资源短缺的原因和危害。	学生合作讨论、总结归纳。	培养学生的地理实践力。
环节 8	分析评价我国和世界的水资源分布特点和原因。	学生读图分析。	培养学生的综合思维能力和区域认知能力。
环节 9	读图分析山东省耕地分布图，分析为何山东省旱地面积高于水田。图中白色部分是什么？说明什么？后备耕地不足。	学生读图分析。	培养学生的综合思维能力、区域认知能力和人地协调观。
环节 10	读图分析山东省的土地利用结构、人均土地的变化和人均耕地的变化情况，分析特点和原因。	学生读图分析。	培养学生的综合思维能力、区域认知能力和人地协调观。

(续表)

	教师活动	学生活动	设计意图
环节 11	分析我国土地利用类型及变化情况的特点及原因,讨论会引发什么问题。	学生合作讨论探究。	培养学生的综合思维能力、区域认知能力和人地协调观。
环节 12	读图分析为何耕地增多反而造成破坏生态导致粮食产量更低了,应该通过怎样的方式提高粮食产量?	学生合作讨论探究。	培养学生的综合思维能力、区域认知能力和人地协调观。
环节 13	读世界人口增长与土地资源的供求图,分析世界人口、世界可耕地总面积和按现有生产水平所需的耕地,三条曲线的关系。	学生读图思考。	培养学生的读图分析能力。
环节 14	分析关于可再生资源和非可再生资源的资源短缺问题的异同。	学生思考。	
环节 15	辩论会: 正方:矿产资源面临枯竭将会严重影响人类生产与生活。 反方:矿产资源面临枯竭对人类的生产生活影响不大。	学生开展辩论赛。	培养学生的地理实践力。
教学反思	该节内容通过三方面综述了水资源短缺、耕地资源短缺和矿产资源短缺问题,是人类面临的非常严峻的资源短缺问题,也是非常值得人类重视的问题,至今仍无解。通过课上的合作讨论和实践活动,学生们对资源类问题有了比较深刻的印象,在今后的生产和生活中能够重视目前人类的三大资源类问题,建立正确的人地协调观。

信息技术整合课"'一带一路'带来的区域发展"

上课札记

"'一带一路'带来的区域发展"这节课是2018年12月在苏州市教研员嵇老师的要求下开设的一节评优课。当年嵇老师主持了江苏省课题"区域主题研修的实践研究——以'借助云平台'促进地理综合思维生成为例",我应邀加入了课题研究团队。当时嵇老师的要求是借助信息技术,以"一带一路"为主题。当年的比赛是先录20分钟的课,然后再筛选出参赛人员,有幸的是我入选了,但是接下来却是漫漫征途。对于我来说主要是两个难点:

第一,"一带一路"完全是个新内容,没有现成的教材,需要去深入研究。第二,对于完成这节课需要借助的云平台技术我完全不懂。那接下来该怎么办呢?

首先,要解决教学内容问题,我们来了解下嵇老师对赛课内容的要求:比赛课型:本次比赛的内容在书本上没有对应的、明确的章节,比赛只提供了主题,因此要求教师对现行教材有较大幅度的重构或重组(带有原创的特点),可以借鉴现行的人教版高中地理每一章后面的"问题探究",强调用学过的地理知识、规律、原理去解决问题(但不能简单理解为高三的复习课),主张用"问题式探究"学习,具体包括单元式、项目式、主题式等教学方式,强调基于真实问题、开放式问题、尚无现成答案问题的教学,着重培养学生的综合思维能力。为此,我花了大量的时间查看了中央电视台录制的系列专题纪录片《一带一路》,了解了"一带一路"对沿线地区经济发展带来的影响,从而也确定了我上课的主线。结合地理教学,我从"一带一路"沿线的基础设施建设、资源调配、经济贸易往来、产业转移等多方面开展了案例研究分析,确定了"'一带一路'带来的区域发展"这个主题。

其次,要解决比赛时依托的信息技术的问题。当时嵇老师看了我的录课给出的意见是,我们学校的信息技术辅助设施有点落后了,达不到参赛要求,希望我能借助高端的设施,完成这节赛课。嵇老师对技术设备的要求是:比赛要求在云平台环境下上课,提供的云平台为STARC(苏州教育局标配)或SEEWOO(中文名:希沃),将教学资源(图像、文本、视频、动画、小程序、课件等)放入其中,相关专业软件如谷歌则通过外部浏览器打开,一般有两块电脑屏幕,在教学设计中要加强左、右屏的关联教学。其次,比赛要求师生通过平板电脑进行在线交流、合作互动等环节,充分利用学习数据分析，学生作品展示等形式，为课堂教学生成创造条件。看了这些要求，我一头雾水，首先我要先去找有这些设备的学校，学习这些设备的使用方法，然后再备课、试着操作、上课。要知道，我们学校当年的设备是一个投影仪加一个大屏幕，上课必须自带电脑，这样的设备无法达到赛课的要求。

最后通过多位老师的帮助和自身的努力，我最终还是顺利完成了任务，还拿到了苏州市评优课一等奖。其实，不管是否拿到奖项，在这个备课的过程中我已学到很多东西，比如使用 STARC 和希沃，使用双屏和多屏，学会了师生在线互动交流合作，我们在地理教学中真正实现了"互联网+"，但遗憾的是，我们并没有普及这些，比赛结束之后依旧回归到现实中的传统的教学。

信息技术整合课"'一带一路'带来的区域发展"教案

比赛主题	运用资料说出"一带一路"沿线国家的地理环境特征，以及"一带一路"合作对双方区域经济发展的重要意义。
课题	"一带一路"带来的区域发展
教学目标	1. 指导学生能够认识"一带一路"沿线的区域地理环境特点，加强区域认知。在综合分析"一带一路"沿线的自然人文地理要素及其关联中发展综合思维。 2. 培养学生能够结合"一带一路"，在分析调查沿线条件、研究探讨沿线区域的开发和发展策略中提升地理实践力。 3. 要求学生能够正确分析、评价"一带一路"沿线目前的人地关系，提出合理的人地关系发展方向，培养人地和谐观。
教学重点和难点	认识"一带一路"沿线的区域地理环境特点以及分析调查沿线条件，研究探讨沿线区域的开发和发展，提出合理的人地关系发展方向。
学情分析	学生基本已经完成了三本必修教材的学习，对自然地理要素和人类生产活动有了一定的了解和认识，但是对于相关的知识点还是难以掌握和应用，而且对于实际的问题也认识不够。
教法	案例教学法、合作探究法
课时	1

(续表)

教学过程			
环节1	教师活动	学生活动	信息技术融合方式
导入	习近平主席在2013年9月出访哈萨克斯坦首次提出丝绸之路经济带，又在同年10月出访印尼提出共建海上丝绸之路，这就是我们常说的"一带一路"，同学们是否了解"一带一路"呢？播放"一带一路"的视频。	要求学生观看视频，并思考问题：国家提出沿线国家共建"一带一路"的目的是什么？	播放视频。
设计意图	让学生初步认识"一带一路"。	让学生结合自己对"一带一路"的了解，再通过观看视频进一步了解"一带一路"。	通过观看视频，以直观的方式让学生对"一带一路"有初步了解，增强学生学习兴趣。
环节2	教师活动	学生活动	信息技术融合方式
[探究一] 找地名，熟悉"一带一路"中部分地区的地理位置	展示亚非欧空白地图，并标上部分国家或地区，要求学生按照学案找出地名。	要求学生根据地图找出下列地名：巴基斯坦、广州、重庆、新疆、埃及、白俄罗斯、哈萨克斯坦。	在PPT上展示图片，将图片传至学生平板，要求学生找地名，学生找出地名后再将图片上传至屏幕。
设计意图	要求学生找出地名，培养学生的区域认知能力，并为下个教学环节铺垫。	让学生认识一带一路沿线的部分地名，培养学生的区域认知能力。	通过上传学生们的作品可以看出不同学生区域认知水平。

(续表)

教学过程			
环节3	教师活动	学生活动	信息技术融合方式
[探究二]认识"一带一路"的线路	在刚才展示的图中画出目前"一带一路"的主要线路： 1. 中国西北、东北—中亚—俄罗斯—欧洲、波罗的海 2. 中国西北—中亚—西亚—波斯湾—地中海 3. 中国西南—中南半岛—南亚—印度洋 4. 中国—南海—马六甲海峡—印度洋—红海—欧洲 5. 中国—南海—南太平洋。	学生根据学案要求在平板上画出"一带一路"的线路图，并要求学生上台说明，实现生生互评。	学生在平板上画图，然后上传至大屏幕，可以快速得到学生的反馈，并可以实现即时评价。
设计意图	要求学生从点到线，进一步认识"一带一路"的具体线路，进一步培养学生的区域认知能力。	画出"一带一路"的主要线路并不是简单的连线，还要考虑到海洋和陆地，平原与高原等，也培养了学生的综合思维和地理实践力。	通过教师端和学生端的互动可以即时掌握学生的生成，并且多屏展示可了解多位学生的反馈，并能即时评价。
环节4	教师活动	学生活动	信息技术融合方式
[探究三]评价"一带一路"主要交通运输方式	通过展示"一带一路"沿线图，让学生了解要推动"一带一路"的发展首先要实现信息互通、交通互通、金融互通。教师展示"一带一路"沿线图、中欧班列图、海上丝绸之路、航空运输图。	学生评价各种交通运输方式。 学生通过小游戏评价海洋运输方式的优缺点。	插入希沃软件，要求两位学生做小游戏，评价海上运输的优缺点。

(续表)

教学过程			
设计意图	让学生了解推动"一带一路"的进一步发展需要互联互通作为前提条件。	通过游戏，不仅提高了学生的学习兴趣，还加深了学生对知识点的理解，寓教于乐。	通过两位学生在大屏前的对决以及其他学生的共同关注，可以让学生对海洋运输有更深刻的了解。
环节5	教师活动	学生活动	信息技术融合方式
[探究四]分析讨论构建"一带一路"，如何发挥沿线地区的优势条件，促进沿线各国区域发展？（请选择某一个方面产业）	通过"一带一路"的建设，开展国际合作，最终目的是要实现沿线各国合作共赢，具体可以通过基础设施的建设、资源的调配、商业贸易合作以及产业转移等方式来实现。给出研究思路：优势条件→构建联系→区域发展→注意问题，并给出五个地区的案例材料（中哈石油调配、中哈商业贸易、苏伊士经贸合作区、中白工业园区、中巴公路、中巴铁路），要求学生小组合作探究。	学生自由选择案例，根据所选案例及给出的相关图文信息，按照要求设计所研究区域的发展方案。学生按照组内讨论的设计方案上台演讲，其他学生可提问。	将五个区域分别传给学生端，学生根据所选择的研究区域图片及案例材料分析，然后将研究结果传至大屏幕。在分析中巴铁路时，通过 Google Earth 软件观察中巴公路、中巴铁路在建设中所遇到的困难，认识瓜达尔港的区位。
设计意图	教师给出案例及研究思路，要求学生合作探究，培养了学生的区域认知能力、综合思维能力、地理实践力以及人地协调观。	学生通过小组合作，每组讨论自己感兴趣的案例，通过分析该区域的自然人文等要素，分析具体实施的发展思路、构建发展方向，并且在实施过程中考虑对周边生态环境的影响，培养了学生的地理核心素养。	展示学生的反馈，邀请学生上台发言，提高了学生的地理实践力和综合思维能力。

(续表)

教学过程				
环节6	教师活动	学生活动	信息技术融合方式
展示课堂小练习	展示课堂小练习。	学生看题答题。	通过软件统计学生答题正确率。
设计意图	通过课堂练习学以致用。	考查学生对"一带一路"带来的区域发展是否有更深入的了解。	通过软件了解学生的答题情况,为开展下一阶段的教学工作做准备。
环节7	教师活动	学生活动	信息技术融合方式
展示案例:冰上丝绸之路	展示图片,介绍冰上丝绸之路,要求学生课后按照上述要求分析研究。	课后分析研究。	
设计意图	适当留白,要求学生课后搜集资料研究分析,培养学生的地理实践力和综合思维能力。	学生课后搜集资料深入分析。	
环节8	教师活动	学生活动	信息技术融合方式
结束语	"一带一路"从中国东南沿海到地中海,从太平洋到印度洋,道路联通、管道联通、电网联通、通信联通,人们跨越了时空的阻隔,将彼此紧紧联系在一起,使贸易更加兴旺,城镇更加繁荣,沟通更加顺畅,合作更加紧密。造福沿途各国人民,促进全球合作共赢。		
设计意图	树立学生的爱国情怀。		

专题课 "区域分析方法与区域发展研究——以俄罗斯为例"

📝 上课札记

  这节课是 2013 年 5 月在苏州市的一节公开课，当时开展了苏州市地理学科"名师高徒"教学展示研讨活动，是一节开设得比较早的公开课。当年教高三，因此我开设了一节比较综合的高三复习课。以前的高三复习课授课方式较为传统，基本是按照教师陈述主要的地理核心内容，总结地理规律，然后学生当堂练习，教师再讲评，而这节课则是一节非常综合的案例教学课程，在当时的教学环境中是比较新颖的。

  课例设计展示了大量的俄罗斯的相关图片，围绕俄罗斯的自然条件和社会经济条件展开分析。学案中还给出了不少案例，根据案例要求学生思考相关问题，是一个典型的案例教学模式。教学过程从俄罗斯的自然地理环境入手到人文要素，从俄罗斯的气候、地形、土壤、水文、资源等到俄罗斯的人口、城市、农业、工业以及中俄天然气管道的建设等，让学生学会区域分析的方法和区域发展的研究。为了给出一些适合的案例，我当时查询了大量的关于俄罗斯的背景资料，如 2013 年 3 月俄罗斯的暴雪天气；随着全球变暖和区域气候的改变，俄罗斯的亚寒带针叶林正在发生变化，且快速增长；俄罗斯有劳动能力人口数量将每年缩减 100 万人，俄罗斯政府为此制定了人口政策规划；中俄原油管道起自俄罗斯远东管道斯科沃罗季诺分输站，经中国黑龙江省和内蒙古自治区 13 个市、县、区，止于大庆末站等。

  当时还配备了录像，所以在 2014 年的"一师一优课"的评比中，该节课被评为江苏省优质课。

"区域分析方法与区域发展研究——以俄罗斯为例"教学设计

【三维目标】1. 学生掌握某一区域的分析方法。

2. 学生系统复习必修1、必修2和必修3知识。

3. 学生能够用发展的观点研究区域。

【导入】2013年3月22日，国家主席习近平开始对俄罗斯正式访问，这是习主席担任国家主席以来首次出访，中俄关系进入前所未有的发展。今天我们就以俄罗斯为例一起探讨区域分析方法与区域发展研究问题。在区域分析中，地理位置至关重要。

【问】如何分析俄罗斯的地理位置？（纬度位置、海陆位置、相对位置）

【答】俄罗斯位于中高纬度，北温带、北寒带，东西跨26°E—170°W十个时区，亚欧大陆东北部，三面临海，大西洋、北冰洋、太平洋。

【问题探究一】根据所供材料分析俄罗斯的位置、地形、气候、水文、植被和资源等地理要素之间有没有关联性，并举例说明。

【画图】请学生上台画出各地理要素关联图。其实各要素之间是相互联系、相互作用的，下面举实例。

1. 俄罗斯3月份部分地区出现洪涝，据说和河流汛期有关，请解释相关原因。（气候、水文、地形）

2. 俄罗斯拥有世界上第三大的湿地，请在空白图中画出俄罗斯湿地分布的区域，并说明原因。（气候、水文、地形、土壤、植被）

【问题探究二】自然地理环境对人类的生产活动具有重要影响，根据上述俄罗斯的自然地理环境特征，请同学们在空白图上对俄罗斯的人口城市、农业、工业和交通等进行合理布局，并说明理由。

【承转】对于刚才的一些地理要素的分布，同学们的分析非常好，但是不管是自然要素还是人类活动，并不是一成不变的，而是在不断发展变化，这些变化对自然界和人类的生产生活都会产生深刻影响。请同学们讨论，就刚才涉及的自然、社会经济等因素哪些会发生变化，会怎么变，会带来什么影响。

【问题探究三】

1. 俄罗斯在2013年3月份出现了暴雪天气，3月份降雪量达到100厘米，占整个冬季降雪的1/3，据科学家研究，暴雪天气增多和全球气候变暖有关，利用下列关键词分析气候变暖为何会引起俄罗斯暴雪天气。关键词：①气候变暖；②暖流减弱；

③海冰融化；④湿度增加。

2. 造成俄罗斯雪灾天气的天气系统可能是 A 还是 B？俄罗斯雪灾对什么部门影响最大？应采取什么应对措施？（监测预警、防灾减灾意识、应急预案）

3. 气候变暖会对亚寒带针叶林带产生影响，请预测有何影响。（向高纬度、高海拔分布，森林火灾、病虫害）

4. 据俄罗斯经济发展部公布，俄罗斯有劳动能力人口数量将每年缩减 100 万人。俄罗斯政府为此制定了人口政策规划，目标是要使人均寿命提高到 70 岁，努力保持俄罗斯人口总数不少于 1.42 亿人。根据该材料，请分析俄罗斯人口处于什么人口增长模式，目前存在什么人口问题。如果你是俄罗斯政府官员，会考虑采取什么措施来解决该问题？（现代型、劳动力短缺，社会负担过重，鼓励生育、接纳移民）

5. 俄罗斯统计局发布的 2010 年人口调查初步结果表明，俄罗斯多个地方都出现了"人去楼空"的"鬼城"现象，近 2 万个村庄已经无人居住。从地理分布看，远东地区人口数量大约 629 万，与 2002 年相比下降 6%。首都莫斯科和圣彼得堡人口却显著增加。莫斯科人口 2012 年超过 1150 万，与 2002 年相比增加 11%；圣彼得堡人口 480 万，增加 4%。这反映了什么现象？（城市化）为什么会出现该现象？（城市具有更大吸引力）该现象会产生什么后果？（城市化的问题）

6. 俄罗斯曾经是粮食出口大国，但近几年粮食出口却出现滑坡，较 2012 年同期，减少了 36.8%。不仅如此，本年度迄今为止俄罗斯已经进口了约 130 万吨谷物。在 2010 年和 2012 年中均由于高温干旱天气影响粮食收成。据此分析俄罗斯粮食生产的不利条件。（气候寒冷、生长期短，气候不稳定）对应的措施有哪些？①耐寒作物；②技术改良；③粮食储备；④调整农业结构；⑤调整饮食结构。

7. 俄工业生产总值在 2013 年 1 月、2 月连续下跌后，在 3 月份终于出现增长，较去年同期增长 2.6%，这也使得俄一季度工业产值增幅由负值转为零增长。3 月份俄共有三个生产领域实现增长，分别是采掘业、加工业和能源领域。试分析俄罗斯工业出现衰落的原因，应采取什么措施。

8. 中俄原油管道起自俄罗斯远东管道斯科沃罗季诺分输站，经中国黑龙江省和内蒙古自治区 13 个市、县、区，止于大庆末站。管道全长 999.04 千米，俄罗斯境内 72 千米，中国境内 927.04 千米。按照双方协定，俄罗斯将通过中俄原油管道每年向中国供应 1500 万吨原油，合同期 20 年。中俄原油管道 2010 年 11 月 1 日进入试运行阶段。2012 年 9 月，中俄石油管道谈判历经 15 年，最终签约。这些输油管道在建设中要考虑哪些问题，对俄罗斯和我国有何重要意义？（地形、地貌、冻土、经济城市、社会、

技术、环境）

【结束语】这节课我们通过俄罗斯这一案例，一起探讨了区域的分析方法与区域发展问题，习主席结束了俄罗斯之旅后又访问了坦桑尼亚、南非、刚果（布），同学们可用刚才的方法对这些国家进行区域分析，并对这些国家的可持续发展进行研究。

第二节 线上课程

热点讨论"交通运输方式和布局变化的影响"

上课札记

人教版老教材"交通运输方式和布局变化的影响"这节课可以说是上过很多遍，常态课不用说，花半节课的时间，两句话就可以总结归纳，因此很多公开课，或者评优课就喜欢挑选这节课来上，因为教师们可发挥的空间比较大，从而充分体现教师的真实上课水平。我最早开设这节课的公开课是在 2006 年，当时我工作第 4 年，参加了常熟市评优课比赛，我的教学思路是以常熟城从古至今的交通运输方式的变化作为背景，从地理角度分析这些交通运输方式和布局的变化对常熟城市的影响。之后 2018 年在甘肃庆阳市开设了交流课，交流课又结合庆阳市与常熟市交通运输方式和布局变化的影响进行分析比较，开展了教学。而这节课是在 2020 年疫情时期，应苏州市教研员嵇老师的邀请，开设的网络直播教学课程，因此我在设计时就导入了疫情对人口流动的影响，再引入当时疫情比北上广深更严重的浙江省温州市，就此分析温州市近年来交通运输方式和布局变化及其带来的影响。网络直播课的缺点在于教学中师生的互动相对要差些，但是也要设计学生的活动环节，只需停留几秒钟即可，全程主要是以教师讲解为主，控制在 30 分钟左右。所以，网络课的设置和平时的公开课还是有很大的不同，内容要比平时上课的内容安排得更充实一些，师生互动要设计得简单些。结合这几节课，有些教师可能会发现，我设计的课比较偏向于以热点问题和乡土地理为案例背景，我觉得这样的课更加灵动，更加富有生命力。

"交通运输方式和布局变化的影响"教案

课题	交通运输方式和布局变化的影响
课标要求	结合实例,说明运输方式和交通布局与区域发展的关系。
教学目标	1. 通过案例与信息技术相结合,让学生了解交通运输方式和布局的变化对聚落空间形态的影响,有助于培养学生的区域认知和综合思维。 2. 通过案例与信息技术相结合,让学生了解交通运输方式和布局的变化对商业网点分布的影响,有助于培养学生的区域认知和综合思维。 3. 通过时事热点结合案例材料分析,培养学生的地理实践力和正确的人地协调观。
教学重点和难点	交通运输方式和布局的变化对聚落空间形态的影响。交通运输方式和布局的变化对商业网点分布的影响。
学情分析	学生基本已经完成了必修2前四章的学习,对人类生产活动有了一定的了解和认识。交通对人类的生产和生活起到了联系和沟通的作用,交通的发展更加有助于人类生产和生活的正常推进,本节课让学生进一步认识交通是如何推动人类的生产和生活的。
教法	案例教学法、合作探究法
课时	1
教学过程		

	教师活动	学生活动	设计意图
环节1 导入	已亥末,庚子春,荆楚大疫,恰逢年节,染者数万计……这是我们刚刚经历的一场疫情,请同学们看全国确诊人数累计图,除湖北外,全国最严重的城市不是北上广深,而是千里之外的温州,为什么呢?	学生各抒己见,提出自己的想法和意见。	让学生打开思路,引出今天所要研究的城市——温州。

(续表)

	教师活动	学生活动	设计意图
环节2	展示地形图,全球各地有200多万温州商人,其中在湖北省的就超过20万,在武汉经商、就学和务工的,有18万温州人,可以说湖北省是温州人的"第二故乡",这跟温州疫情有很大关系。那么为什么温州人务工经商最多的在武汉而不是北上广深?(比较武汉和温州)	运用思维导图,分析武汉市吸引温州人口迁入的主要原因。	引出城市吸引人口迁入的主要原因:地理位置、自然条件、社会经济条件。引出最主要的因素:地理位置、地形、交通等。也是对前面人口迁移知识点的复习巩固。
环节3	除了地形平坦、地理位置优越之外,武汉有九省通衢之称,而相比较温州自身有很大的缺陷,我们回顾下温州的发展史,观察温州从1984—2014年的城区变化图,分析其发展变化的特点和原因。	学生读图分析温州市发展的变化特点和原因。	在这几十年的发展过程中,温州由小渔村发展至今主要受到政策、地形、交通等因素的影响。
环节4	我们再来看下身边的案例,以常熟市、苏州市、苏州北站为例,请同学们观察城区的变化特点。	同学们读图观察,并分析判断。	提供身边的案例,让学生通过比较熟悉的内容巩固知识。
环节5	请根据温州城区的变化,试绘制经过温州市主要的交通线(高速、国道及铁路线等)。分析交通线与城市形态发展变化的关系。	要求学生小组讨论并绘制完之后上台讲解。	考查交通线选线影响因素(城市、地形等),分析交通线与城市形态的关系。
环节6	小商品市场是温州独特的商业体的存在,享誉全国甚至全球,分析图中小商品市场的分布特点,并说明原因。	学生讨论研究义乌小商品市场的分布特点及原因。	考查学生的读图分析能力。
环节7	温州南站建成后,一大批商贸城也纷纷在此建成,并且政府建议将原来老城区的小商品批发市场迁入此地,为什么?	学生分析研究。	考查交通线变化引起的商业网点的变化。

(续表)

	教师活动	学生活动	设计意图
环节8	展示温州商业网点地形分布图，要求学生区分商业网点在平原和丘陵山区分布的差异及原因，并总结商业网点分布特点。	学生讨论研究。	商业网点在平原和丘陵地区分布的差异，归纳商业网点分布特点。
环节9	这是我用百度地图搜索的苏州和常熟的超市分布，同学们看下两幅图，超市的分布有什么特点？	学生讨论研究分析。	超市应该是学生们最熟悉的商业网点，由此巩固知识。
环节10	2019年拟建杭州至温州高铁，起自杭州西站，终至温州南站。杭温高铁是连接杭州都市区、金华—义乌都市区和温州都市区1小时的最快捷通道，也是长三角高速铁路圈的重要组成部分，更是长三角经济区连接海峡西岸经济区的便捷通道。分析杭温高铁开通后对温州城区发展和商业网点分布有什么影响。	学生讨论分析。	开放性问题，要求学生预测杭温高铁开通后对城市和商业网点的影响。
环节11	杭温高铁一期建成后就可通到义乌，义乌是目前"一带一路"深度融通的一座城市，被列为国际贸易支点城市。"一带一路"的深入推进对温州城市形态和商业网点有何影响？	学生讨论分析。	开放性问题，联系热点问题，要求学生预测"一带一路"的深入推进对城市和商业网点的影响。
环节12	为了构建长三角1小时都市圈，正在规划建设的铁路有三条：沪通铁路预计2020年开通，沿江城际铁路预计2021年开通，正在规划的还有通苏嘉城际铁路，请同学们思考下，以上对长三角今后的城区形态和商业网点的布局有什么影响？		

（续表）

	教师活动	学生活动	设计意图
环节13	完成整节课的思维导图。	学生讨论绘图。	培养学生的综合思维和地理实践力。
板书设计	交通运输布局变化的影响 → 对聚落空间形态的影响 → 影响城市的形态；影响形态的变化。交通运输布局变化的影响 → 对商业网点分布的影响 → 对密度影响；对位置影响。		
教学反思	该节课从时事热点入手，引出此次疫情高发区——温州。出现此种现象的主要原因是温州与湖北武汉有着千丝万缕的关系，湖北是温州人的第二故乡。湖北武汉独特的区位优势是温州不曾拥有的，因此展开对温州城区历年发展变化的研究讨论，并引出重要原因——交通线。交通线的拓展不仅影响了温州城区的变化，使得城区不断向南向西扩展；同时交通线的拓展也影响着商业网点的变迁，老城区交通不便导致商业网点的衰落，而郊区交通线日益完善不断推动了商业网点的发展。近几十年来，温州人的不懈努力形成了小商品经营，促进了一大批个体私营企业的蓬勃发展，推动了当地工业化、城市化的发展，形成了独特的浙江温州模式。近年来，我国对高铁建设的不断推进以及"一带一路"的不断发展，不断推动着温州城市的发展，也影响到了城区形态和商业网点的布局。当然促进温州城市形态和商业网点发展的不仅仅是交通线的发展，还有其他的内因和外因。通过温州市发展的案例，联系我们身边的案例——苏州市和常熟市的发展变化，从中也可以了解到苏州市和常熟市的发展特点，了解到交通运输方式和布局的变化对苏州市和常熟市的影响。这节课主要是以温州市作为案例，结合时事热点以及通过信息技术手段，再结合周边城市的案例，从交通运输方式和布局变化的角度分析对城市聚落形态和商业网点产生的影响，有助于学生地理核心素养的提升。		

案例教学"服务业区位复习"

📝 上课札记

近年来，苏州的线上教育一直保持稳定健康的发展态势，对苏州市的教育发展起到了举足轻重的作用，地理学科在苏州市教研员嵇老师的带领下也不断推进和发展。我也应邀多次参加录课任务，2021年6月应邀录制了"服务业区位复习"课。这节是新教材中的内容，时间安排在8月初，在上个学期学生们已经学习了"服务业区位因素及其变化"，对服务业区位因素及其变化也有了一定的了解，这节录制课主要是在此基础上进一步深化和复习。服务业就是发生在我们身边的产业，教师和学生对此都十分熟悉，所以我想通过身边的案例展开教学。近几年，由于各方面的影响，服务业从繁盛到衰落，引起人们的广泛关注。因为上课的群体主要是针对苏州的学生，因此我选用了苏州市的案例：从苏州的观前街，到苏州中心综合体，到线上购物，再到现在兴起的创意文化产业园。学生们了解了这些服务业形态的变化，同时也思考了正在不断变化的区位因素，顺理成章地从感性认识发展到了理性认识。由于是节录制课，所以提供了讲稿的部分内容。

"服务业区位复习"讲课稿

同学们好,今天我们一起来学习第三章第三节"服务业区位复习"。

从知识结构上来说,服务业和前面农业区位因素、工业区位因素两节较为相似,但从知识内容上来说,之前的高中地理教学中没有涉及服务业的相关内容,对教师和学生来说都是新的知识。教学内容涉及两个标题:"服务业区位因素"和"服务业区位因素的变化"。先介绍服务业的概念和分类,服务业是为社会生产和生活服务的产业。我们可以把服务业分为商业性服务业和非商业性服务业。

我们可以通过苏州第一街来了解服务业。每个城市,总有那么一条标志性的老街,北京的王府井、上海的南京路、重庆的磁器口,等等,而在苏州,能称得上"第一商业街"的,只有观前街。

观前的观,是玄妙观。玄妙观建于公元276年,有一千多年历史了,被称为"江南第一古观"。最初人们去观里烧香祈福,小贩看着人来人往便集聚起来,形成集市。观前集市,后来慢慢就叫作观前街。百年前就是苏州最繁华的商业中心。

清朝有个叫沈朝初的苏州人写当时苏州人过新年:"北寺笙歌声似沸,玄都士女拥如烟。衣服尽鲜妍。"

这里提到的"玄都"即玄妙观,意思是玄妙观一带,人流如烟,衣服鲜妍的仕女都来这里尽情玩乐,可见当时的繁华热闹。

观前街的"洋气"始于民国。

那时候的观前街北局,风光无限。基督青年教会开设了高档浴室、理发室、会食堂……中西大餐和西点咖啡让传统的苏州人开了眼,一时间这里成了苏州最"洋气"的社交集聚地。

1926年,大光明影城驻扎观前街,一待就是近百年。1933年,"东吴乾坤大戏院"改名"开明大戏院",迎来了梅兰芳、马连良这些戏曲名家,苏州的老百姓们成群结队,一睹大师风采。当时苏州国货公司(人民商场前身)开业,还请来时装表演,在当时算是顶顶新潮的事了。

20世纪80年代,观前"夜生活"开启。苏州人吃罢晚饭"荡"观前成为惯例。那时候的观前街是真正的灯火通明、人潮如织。夜市里卖的大多是苏式小吃:生煎包、油氽臭豆腐、肉馒头、豆腐花……虽然比不上现在的奶茶、炸鸡、冰淇淋,但却更接地气。

20世纪90年代，"苏州第一街"引流潮流。1993年，苏州第一家KFC开在了观前街，很多苏州囡囡都以吃过肯德基、背过ta的小书包而自豪。

我们观看视频，了解现如今的观前街。同学们，通过观看视频，思考一下，服务业兴起的原因是什么呢？市场、交通、劳动力及集聚效应等。

地摊经济，是指通过摆地摊获得收入而形成的一种经济形式。2020年5月27日，中央文明办明确提出，在2020年全国文明城市测评指标中不将马路市场、流动商贩列为文明城市测评考核内容。图为国务院总理在山东烟台考察时表示，地摊经济、小店经济是就业岗位的重要来源，是人间的烟火，和"高大上"一样，是中国的生机。请同学们思考问题：

1. 早期限制"地摊经济"发展的原因是什么？

答：影响交通，影响市容，商品的质量难以保证。

2. "地摊经济"适宜建在何处？

答：人流量大、交通便利之处，布局在不影响城市交通、环境，场地开阔的地方。

3. 倡导重启"地摊经济"的意义何在？

答：①促进就业；②方便市民；③促进消费；④刺激经济。

总结商业性服务业的区位选择受自然因素的影响较小，大部分服务业主要受市场、交通运输、劳动力、政策法规、集聚、历史文化等人文因素的影响。

但随着苏州城市的发展，新兴商业体的竞争，观前街逐渐沦落为"外地游客热门打卡地"。你有多久没去观前街了？这个问题问倒了许多苏州人。说出你不愿去观前街的理由。停车难（基础设施配套不够完善）、不能满足消费者的需求（服务种类有限）相比较而言，大型购物商场拥有更完善的配套设施，停车方便，能够更大程度地吸引消费者，降低内部交易成本等。集聚效应会给苏州中心带来哪些利弊？不利：服务种类数量多，形成恶性竞争。苏州中心目前发展如何？其实还是仅限于零售和餐饮。因此服务业态还是比较传统。

韩国乐天拥有全球最大的室内游乐场，通过室内游乐场，可以吸引更多的顾客，满足更多的需求，增加客流量。游客停留时间更长，消费更多。

我们目前寻求的服务业不仅仅局限于线下，还有线上。如我们大家常用的软件：淘宝和美团。

直播带货，是指通过一些互联网平台，使用直播技术进行商品线上展示、咨询答疑、导购销售的新型服务方式，具体形式可由店铺自己开设直播间，或由职业主播集合进行推介。一方面，"直播带货"互动性更强、亲和力更强，消费者可以像在大卖场一样，跟卖家进行交流甚至讨价还价；另一方面，"直播带货"绕过了经销商等传统中间渠道，直接实现了商品和消费者对接，往往能做到全网最低价。特别是对网红主播而言，直播的本质是让观众们看广告，需要通过"秒杀"等手段提供最大优惠力度，才能吸引消费者。

思考：1. 直播带货主要依托的是什么？

答：媒体、网络平台、现代物流业等。

2. 直播带货对经济、社会产生什么影响？

答：可以减少中间环节，降低成本；市场更广阔，经济效益更高；对信息网络平台的依赖程度更高；加大现代物流业的压力。

除了上述带来的一系列的新兴服务业外，另外还有软件服务业、现代金融、健康养老、科技咨询、文化创意等。

这是20世纪90年代国家宏观层面的战略决策，为加快经济结构调整，缩小第二产业，发展第三产业，各地一般都因地制宜、因势利导。也就是在那一段时间苏州城环路以内及附近重污染、能耗大、效益差的所有工业企业都分次逐段频繁地进行了搬迁、改造或关闭停产之后，我开始注意到苏州的创意产业园，一个个如雨后春笋般建立起来。

比如一丝厂老厂房改造的"989"文化创意园，比如江南无线电厂改建的江南文化创意设计产业园，比如桃花坞大街原来的新光丝织厂老厂房变为桃花坞文化创意产业园，比如娄门路原来的电镀厂变身博济科技创意园，比如仓街原振亚丝织厂金工车间现在是蜗牛游戏研发创意园，比如白塔东路原苏州电容器厂如今是容创意园，比如临顿路原东风通信设备厂正悄然变为品阁家居生活创意中心。

"989"文化创意园在仓库的外表下，如今已然摇身一变，俨然成为一个极富艺术气息与文化韵味的创意新空间。"989"文化创意园的主建筑共有大小仓库2幢，是20世纪80年代早期丝绸业鼎盛时期的产物，建筑本身并不出色，平板式的水泥高楼，但却是古城外围最早突破的天际线，远远望去，高挑的建筑临着优雅的古运河，颇有气势。好几个艺术家都在这里设作坊、工作室。

娄门外的博济平江创意园也叫平江时尚艺术中心。这是20世纪50年代中期的苏州电镀厂的旧工业厂房，建筑特色明显，很大一部分尤其是紧临娄门大街的是青砖二层，苏州老建筑的元素，像青砖、瓦片、灰墙，得以完整保护，以此来体现苏州建筑灰白黑的经典色调，同时也加上现代化的建筑元素，譬如采用钢结构玻璃等硬朗的金属元素，一方面作为旧建筑的加固和护罩，一方面也兼顾装饰作用。至于原有的青砖建筑、斑驳的墙壁，也不同程度地保留了下来，因为这些都是很鲜活的历史文化符号。

观看视频，请同学们思考，出现上述新兴服务业的原因是什么？

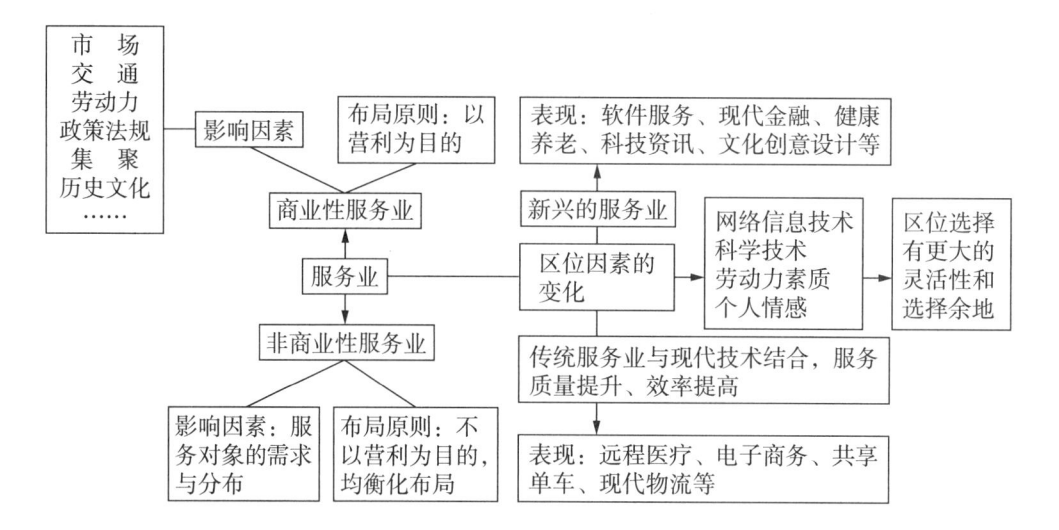

```
市场                                    表现：软件服务、现代金融、健康
交通      影响因素   布局原则：以        养老、科技资讯、文化创意设计等
劳动力              营利为目的
政策法规                                            网络信息技术    区位选择
集聚              商业性服务业   新兴的服务业   科学技术      有更大的
历史文化                                    区位因素的   劳动力素质    灵活性和
……          服务业              变化       个人情感      选择余地
                非商业性服务业            传统服务业与现代技术结合，服务
                                        质量提升、效率提高
       影响因素：服务   布局原则：不        表现：远程医疗、电子商务、共享
       对象的需求      以营利为目的，       单车、现代物流等
       与分布         均衡化布局
```

新兴服务业带来的影响是对经济、社会、生态的促进，带动了相关产业的发展，促进了经济发展，增加了就业，提高了居民收入。对经济的促进作用：新兴服务业属于第三产业，优化了产业机构，促进了第三产业的发展。同时第三产业就业人口占比大，促进了工业进一步升级第三产业的发展，促进了当地旅游业的发展。

非商业性的公共服务业着眼社会福利分配公平，以均衡化为区位选择原则，主要考虑被服务对象的需求与分布。例如，公立学校、医院的布局主要是根据人口分布来确定的。

问题研究——能否淡化海冰解决环渤海地区淡水短缺问题

上课札记

2020年，新《课标》下的高中地理新教材终于问世了，江苏省教育厅提出了"名师空中课堂"建设工作，布置了录课任务，我被安排上"问题研究——能否淡化海冰解决环渤海地区淡水短缺问题"这节课。这一节内容还是很有难度的，因为这是一节全新课，而且是一节问题研究课，录课该怎么上呢？为此我查询了相关的资料，还阅读了《中国国家地理》的某一期，其中详细介绍了渤海湾海冰淡化工程。在教学中我还设计了一个小实验，因为录课中是没有学生的，所以我只能事先录制了一个小实验，增强了地理的学科特点，强化了地理实践力。

既然是一节问题研究课，我就将这个课题拆解成5个小问题，在上课的一开始就抛出这5个小问题，这节课就围绕这5个问题展开。录课的老师要求我们先在镜头前说一段开场白，然后回到位子上对照PPT开始读讲稿，不能读错字，不能有重复，不能有停顿，时长约20分钟。我前后录制了两遍，终于过关了。后面附上我的讲稿，因为是录课，别的就不提供了。

"问题研究——能否淡化海冰解决环渤海地区淡水短缺问题"讲稿

【导入】同学们好,我们今天探讨的问题是能否淡化海冰解决环渤海地区淡水短缺问题。同学们有没有什么问题想问呢?我总结了5个问题。

1. 环渤海地区为什么淡水资源短缺?
2. 我们目前有什么办法缓解该地区淡水资源短缺?
3. 为什么不直接淡化海水或是融化海冰来缓解淡水资源短缺问题?
4. 环渤海地区的海冰资源是否丰富?
5. 淡化海冰,可行吗?

接下来我们就围绕这些问题来展开问题研究。

[探究1] 环渤海地区为什么淡水资源短缺?

我们先认识下环渤海地区,环渤海地区也是"环渤海经济圈",狭义上是指京津冀、辽东半岛、山东半岛环渤海滨海经济带。某地区水资源的丰歉程度主要取决于多年平均径流总量,当地虽然有海河、滦河、辽河、黄河等,但是径流量并不是很丰富,地表水仍然比较缺乏。地表水缺乏的原因是什么,主要取决于年降水量和蒸发量。以天津市为例,天津年降水总量全市平均为571毫米,四季降水量占全年降水量的比例分别为冬季2%、春季12%、夏季72%、秋季14%。当地冬季降水最少,那是不是表示冬季水资源短缺最严重呢?除了降水量,我们还要考虑蒸发量,冬季气温低,蒸发比较微弱,并且冬季需水量也并不是很大,尤其是农业生产,需水量最大的是春季,并且当地春季气温回升快,蒸发旺盛,所以春季是当地水资源最短缺的时候。

淡水资源是否缺乏,我们不仅仅要考虑水资源的多少,还要考虑需水量的多少。从中国人口分布图中可以看出,环渤海地区人口密度大,每平方千米人口超过400人的如北京、天津、唐山、大连等多个城市,环渤海地区人口众多,集中了全国2亿多的人口。

不仅如此,该地区有著名的农业生产区——黄淮海平原和两大工业区——辽中南工业区和京津唐工业区。环渤海五省市(北京、天津、河北、辽宁、山东)的总GDP占全国国内生产总量的20%多,因此该地区经济发达,并且人口众多,工农业生产、生活需水量大,而该区域属半湿润地区,水量仅占全国的3%,环渤海经济圈水资源一直严重短缺。

请同学们看下两张图片——干涸的鱼塘和干枯的麦田,说明了什么问题呢?

按照联合国标准，年人均淡水量在 500 立方米以下就是缺水地区，而在环渤海地区，人均淡水资源量仅有 100 立方米—300 立方米的就有大连、营口、盘锦、葫芦岛、唐山、天津、黄骅、威海、龙口等多个港口城市，天津仅为 85 立方米，北京也只有 140 立方米。而中国的人均水资源量是 2100 立方米，世界人均水资源量达 10000 立方米。该区域人均水资源量远远低于世界和全国平均水平。

[探究 2] 我们目前有什么办法缓解该地区淡水资源短缺？

引滦入津、引滦入唐、南水北调等工程性调水措施只能改变水资源区域分布不均匀的现象，并且成本高，对生态环境有一定影响。抽取地下水又会导致地下水位下降，形成大范围漏斗，出现海水倒灌等问题，当然还有其他的一些方法如修建水库、人工降雨等，但这些都并不能增加实际的水资源总量，因此要解决水资源总量问题，就需要向海洋要淡水。

[探究 3] 为什么不直接淡化海水或是融化海冰来缓解淡水资源短缺问题？

我们先来做个小实验，检测海水和海冰的盐度差异。

实验器材：50 克盐、1000 克淡水、冰柜、盐度计和量杯等。

实验目的：模拟海水，并检测海水和海冰的盐度。

通过实验，我们能发现海冰的盐度要低于海水，海冰的盐度只有海水盐度的 1/3~1/6，渤海海水的盐度为 28‰~31‰，而渤海海冰的盐度仅为 4‰~8‰。北京师范大学的海冰淡化科研团队研究发现，海水冻结后会出现淡水冰晶与盐水卤胞相互分离现象，80% 以上的盐分会被排出冰体，使得海冰的盐度远远低于海水的盐度。

有过环球航行经历的航海者都知道，海冰有一种特性，就是其所含的盐度比海水要低得多。海冰年代越老，冰中的盐分就越少。年代久远的海冰顶部几乎是淡水冰，甚至能够融化饮用。

冰是单矿岩，不能和他物共处。水在结晶过程中，会自动排除杂质，以保持其纯洁。因此，海水冻结时产生的冰晶，是淡水冰。但是，结冰过程往往较快，会使一些盐分以盐胞的方式保存在冰晶之间，冰晶外壁也会黏附上一些盐分，所以海冰实际上不是淡水冰，还是有咸味的。但是其盐度已经大大降低了，低盐性使得海冰淡化成本较低。

[探究 4] 环渤海地区的海冰资源是否丰富？

据相关科研人员介绍，渤海可以说是全球纬度最低的结冰海域。渤海冰期约为 120 天—149 天，科研人员据此测算，环渤海地区储存的海冰正常年份可开采 300 亿立方米淡水，最大年份可开采 800 亿立方米淡水，尤其是辽东湾的海冰资源量最大。海冰经开采后还会再生长，如果按年平均生长 4—5 次计算的话，其可用资源量相当于黄河 1 年的入海流量，并且海冰还能够年复一年地产生。

［探究 5］淡化海冰，可行吗？

接下来，我们开展一个辩论赛，要求同学们根据所给资料判断，是否能够通过淡化海冰解决环渤海地区淡水短缺问题，并说明你的理由。刚才我们同学的辩论十分热烈！我们主要通过海冰资源本身、技术难度及对经济、社会和生态的影响三方面考虑。

首先，资源方面：

1. 海冰是低温条件下的海水冻结物。海水在结冰过程中析出盐分，导致海冰含盐量远低于海水含盐量，接近淡水，这是海冰作为潜在淡水资源的基础。渤海海水盐度为 28‰~31‰，而渤海海冰盐水浓度平均为 4‰~13‰，大大低于渤海海水的盐度，接近淡水。并且海冰资源还可以年复一年地产生。

2. 读图分析图 3.28 渤海及附近区域内日平均气温≤-4℃日数分布，（1）日平均气温≤-4℃日数分布有何特点？——总体上北多南少，自北向南递减；近岸多外海少，从近岸向外海递减。（2）渤海海冰资源的分布有何特点呢？——总体上北多南少，自北向南递减；辽东湾最多，莱州湾最少；近岸多外海少，从近岸向外海递减。

3. 环渤海地区属于温带季风气候区，每年有 4 个月的寒冷期可形成海冰，离岸 0—10km 范围内的海冰资源量最大，在常冰年其占有渤海海冰资源总量的 35% 以上。（1）为什么海冰资源主要集中在近海？——近海有河流注入，海水盐度低，易结冰。（2）请同学们说出海冰资源最丰富的三大海湾。——辽东湾、渤海湾和莱州湾。（3）哪个海湾的海冰资源最丰富，请说出原因。——辽东湾，面积大、纬度高、冬季气温低、海区封闭，河流注入，盐度较低、海流弱、大陆架宽广等。

4. 渤海海冰资源存在什么缺点呢？——渤海海冰季节性强，是"一冬冰"，并且资源数量不稳定，有的年份多，有的年份少；环渤海地区经济发达，污染严重，尤其是近海海水污染更严重，而海冰主要位于近海，海冰淡化出来的淡水其品质令人担忧。

其次，技术方面：

目前海冰淡化是通过各种方法，将海冰形成过程中未排出冰体的高浓度盐水从海冰中分离出来，进一步降低海冰盐度，满足生产、生活对淡水的需求标准。

目前海冰淡化尚未进入规模化生产阶段，野外和现场实验中采用的海冰淡化方法主要是重力脱盐法和离心脱盐法。

重力脱盐法是将采集的海冰堆放在一起，控制温度，经过两三个月，海冰中的高浓度盐水会在重力作用下，沿着冰体内部的缝隙自然排出。

离心脱盐法是在低温环境下,将海冰破碎,利用离心机将破碎海冰中的高浓度盐水脱离出来。

通过上述方法处理的海冰,融水盐度可低至1%,符合淡水标准,而且成本低于直接淡化海冰。

既然技术方面能够实现海冰淡化,那么为什么这项技术没有得到推广呢,有可能是什么原因?——经济因素。据研究人员推算,前期渤海海冰淡化水的成本为6.687元每立方米,高于海水淡化的成本(天津的海水淡化成本是5元每立方米),南水北调的定价(天津的南水北调的成本是2.16元每立方米)。

为什么海冰淡化的成本较高呢?——可能是由于设备性能不完善、机械化作业程度较低,辅助设施缺乏、生产规模小等。另外海冰在采集、运输、储存等方面存在较大的困难。

最后,影响方面:

1. 经济:若淡化海冰实现产业化、规模化,可以为环渤海地区工农业生产、生活和生态提供水资源,缓解淡水资源的不足。

2. 社会:采冰可以清理航道,保障运输,保持渤海港口冬季航道的通畅,变灾为利。

3. 生态:渤海的海水多年保持稳定,生态系统保持平衡。若大量开采海冰并把淡化时所产生的高盐度卤水排入海中,必然使渤海的海水盐度增加。海冰形成时盐分析出,常年取走海冰也会导致渤海海水盐度增加,导致生态平衡失调,尤其是相对封闭的海湾,盐分不易扩散,对生态系统影响更大。大量开采海冰还会影响海—气相互作用,从而对气候产生一定影响,其中影响最大的是气温,据研究表明,大量开采辽东湾的海冰可能造成辽东湾平均气温下降,大连西部和南部的平均气温上升。淡化海冰产生的卤水若直接排放,还可能导致周围土地盐碱化,水质量下降等问题。

辩论结果:

	资源	技术	对经济、社会、生态的影响
正方	渤海海冰资源十分丰富,含盐量低,距岸近,资源可再生性强。	海冰淡化的技术有可行性。	若淡化海冰实现产业化、规模化,可以为环渤海地区工农业生产、生活和生态提供水资源,缓解淡水资源的不足。采冰也可保持渤海港口冬季航道的通畅。

(续表)

	资源	技术	对经济、社会、生态的影响
反方	渤海海冰季节性强，且资源数量不稳定，并有污染。	海冰在采集、运输、储存等方面存在较难克服的困难。	海冰开采可能影响气候，导致生态失调，引发严重的环境问题。

【练习】略

【结束】区域的发展需要开发利用自然资源，但是区域的可持续发展要以生态环境保护为前提，不能以牺牲环境为代价谋求经济发展。在渤海海冰资源开采过程中，要充分论证海冰资源开发的可行性。海冰的角色是多层面的、变化的。它可能是灾害，也可能是资源，是大自然赐予渤海的厚礼。

今天我们的课就上到这里，感谢大家的收看，同学们再见！

第三节 校本课程

主题式课程"干旱——以甘肃省为例"

📝 上课札记

2019年，我参与了苏州市教研员嵇瑾老师的江苏省重点资助课题"区域主题研修的实践研究——以'借助云平台'促进地理综合思维生成为例"。这个课题重点研究的是培养学生的地理综合思维，当时嵇瑾老师要求我们课题组成员围绕该主题开设一节公开课，我就开设了"干旱——以甘肃省为例"一课。我同时也承担了学校校本课程的开发，负责《全球气候变化》内容的编写任务。在编写校本课程时，我发现甘肃省是我国一个非常特殊的省份，形状特殊、地形特殊，气候类型也非常特殊。我在研究时发现甘肃并不是一个我印象中处处都非常干旱的地方，反而拥有非常复杂的气候类型。它不仅拥有典型的温带大陆性气候、高原山地气候，也有温带季风气候，甚至有亚热带季风气候。课上尤其要重点突出两种季风气候，因为大多数人对甘肃省不太了解。

课程中不仅分析了甘肃省空间上干旱的差异，还分析了时间上干旱的差异，很多人会误解降水最少的时候是干旱最严重的时候，其实引起干旱的原因不仅仅是降水，还有蒸发，还有需水量，所以影响干旱的因素非常复杂。另外气候异常也会引发干旱现象。因此，引起干旱的因素确实很多很复杂，这节课整体有利于培养学生的地理综合思维。

"干旱——以甘肃省为例"教案

主题	运用地理综合思维的方式分析干旱的成因
课题	干旱——以甘肃省为例
教学目标	1. 通过分析甘肃省干旱的主要原因,帮助学生提高地理综合思维中的要素的综合能力。 2. 通过展示材料,让学生分析甘肃省在不同的时间和空间上的干旱情况以及原因,提高学生地理综合思维中的时空的综合能力。 3. 通过视频及材料,让学生分析全球的气候异常对甘肃省干旱的影响,提高学生地理综合思维中的地方与区域的综合能力。
教学重点和难点	理解甘肃省干旱的主要影响因素,分析影响甘肃省干旱的自然和人为原因,分析在时间和空间上干旱的差异,全球气候异常也影响到甘肃省的干旱。
学情分析	学生基本已经完成了三本必修教材的学习,对自然地理要素和人类生产活动有了一定的了解和认识,但是对于相关的知识点还是难以掌握和应用,而且对于实际的问题,认识和解决能力还不够。
教法	案例教学法、合作探究法
课时	1

教学过程

	教师活动	学生活动	设计意图
环节1 导入	提到干旱,学生会联想到怎样的地理环境以及我国哪些省份?	学生各抒己见,提出自己的想法和意见。	让学生打开思路,引出今天所研究的主题甘肃省干旱。
环节2	展示甘肃省在我国的地理位置,要求学生根据已学知识分析甘肃省干旱的主要原因。	运用思维导图,分析并记录影响甘肃省干旱的主要原因。	提高学生对地理要素的综合思维水平。
环节3	展示甘肃的年等降水量线分布图,要求学生分析甘肃省干湿状况的分布规律。	学生读图分析甘肃省干湿状况的分布规律。	提升学生空间的综合思维水平。

(续表)

	教师活动	学生活动	设计意图
环节4	展示甘肃省的地形分布图，要求学生分析影响甘肃干湿状况分布的原因。	要求讨论分析甘肃干旱在空间上有差异的原因，并继续完成思维导图。	
环节5	要求学生分析讨论甘肃的气候类型，并进一步研究甘肃北部干旱的原因。	学生画出甘肃气候类型分布图，并判断各区气候类型，并进一步分析原因。	
环节6	展示在我国三大自然分区图中，甘肃所处的位置，让学生进一步认识甘肃省的干湿状况在空间上的差异。	学生继续完成思维导图。	
环节7	展示甘肃省酒泉市的四季气温和降水分布图，要求学生判断甘肃省酒泉市干旱有可能出现的季节。	学生分析甘肃省有可能出现干旱的季节，分析原因，并继续完成思维导图。	提升学生时间的综合思维水平。
环节8	播放视频，引导学生分析影响甘肃省干旱的其他因素，即全球气候异常。	学生讨论分析，提出厄尔尼诺现象和全球气候变暖都会引起甘肃异常干旱，并继续完成思维导图。	提升学生地方与区域的综合思维水平。
环境9 结束	影响甘肃干旱的原因有很多，今天我们这些研究思路就是地理综合思维的方式，希望同学们掌握好这些思维方式，来思考各类地理问题。	学生根据今天所学的地理综合思维方法进一步完善思维导图，深入理解和分析影响甘肃省干旱的原因。能够运用该种思维模式进一步分析探讨甘肃省干旱对周围的自然环境和人类活动产生的影响。	要求学生掌握地理的综合思维方法，将其进一步运用到其他地理问题中去。

	教师活动	学生活动	设计意图
板书	甘肃省干旱（空间频率／空间／气候异常／时间）		
教学反思	这节课结合省课题，同时也是校本课程内容，我负责的校本教材是关于《全球气候变化》的内容，甘肃省是一个气候非常特殊、形状非常特殊、地形非常特殊的地方，因此非常值得研究关于甘肃省的专题。		

跨学科课程"游览罗马万神庙"

📝 上课札记

"游览罗马万神庙"是我和我校物理老师肖敏共同合作的校本课程中的一节课，是学校"十二五"重点资助课题"跨学科视域下教师专业发展模式的创新研究"中的一节跨学科教学的示范课。该节课的灵感来自我在老年大学上课时准备的关于旅游的课程，在搜集资料时无意中发现了罗马万神庙穹顶上居然有个大洞，这个大洞的存在到底有什么特殊意义？我百思不得其解，当时我的第一个反应是这个大洞不会漏雨吗？罗马人为什么在屋顶上造个大洞呢？后来我查询了很多资料，才知道这个大洞确实具有特殊意义，从大洞上方照射下来的天光象征着来自天堂的光明，为了能够更好地观察这个天光，可以根据地理上不同时间太阳高度角的变换，来计算到达万神庙的最合适的时间。通过物理原理来解释，虽然屋顶上方有大洞，但是雨天落到屋内的雨水也不会太多。罗马万神庙确实是一个非常奇特的建筑，不仅适合建筑师们研究，也值得教师和学生在地理和物理学科上一探究竟。

这节课的内容几乎是脱离教科书的，但是也应用了地理学科中的气候类型及特点、太阳高度角的计算，物理学科中的空气力学、气压场等专业知识，跨学科特色非常明显，有利于培养学生跨学科素养。对于纷繁复杂的环境，如何选取适合学科教学的素材就非常值得教师们去研究，那么如何去选择适合自己学科并实际存在于生产和生活中的学科素材呢？有人说地理即生活，生活即地理，即生活中的地理无处不在，其实其他学科也是如此。如果学科内容加入一些生产和生活素材，那么学生学习的学科知识就会更加有意义，所以教师们平时应多读，多看，多学，多思，通过学科的眼睛审视周围的世界，你会发现有很多素材都能应用在我们的学科教学中，一方面更加有利于学科教学，促进学生的理解，另一方面教学中有更多的生活素材，学生更容易学以致用，学习也更有意义。

继"游览罗马万神庙"之后，我撰写了论文《高中地理开放性课堂之跨界课堂的实践研究——以校本课程〈游览罗马万神庙〉教学为例》，作为我的江苏省教育科学"十三五"规划 2016 年度重点资助课题"基于地理实践力培养的高中开放性课堂研究"的研究成果之一，2020 年 8 月发表于《中小学教师培训》杂志。

"游览罗马万神庙"教案

教学目标	1. 认识罗马万神庙，培养学生的区域认知能力和人地协调观。
	2. 通过展示图片及材料，让学生分析游览罗马万神庙时应选择的适当的时间，培养学生的地理实践力和跨学科能力。
	3. 通过图片及材料，让学生分析穹顶上的大洞雨天对屋内影响不大的原因，培养学生的综合思维能力和跨学科能力。
教学重点和难点	罗马万神庙穹顶上的大洞的特殊意义；应用地理原理解释不同时间天光照射下来的角度；利用物理原理解释雨天时万神庙内雨水不多的原因。
学情分析	该节内容要求学生要有太阳高度角的计算和空气力学的研究能力。
教法	案例教学法、实验演示法
课时	1

教学过程

	教师活动	学生活动	设计意图
环节1 导入	"如果你去罗马，且只能去一个景点，那么这个景点不是梵蒂冈的圣彼得，不是西斯廷，也不是斗兽场，它应该是万神庙！"	学生观察视频，欣赏了解罗马万神庙。	让学生初步认识罗马万神庙，培养学生的区域认知能力。
环节2	展示万神庙正面图片，介绍万神庙，提问万神庙属于什么建筑，有什么特色。	学生根据视频和图片可判断万神庙是罗马式建筑，分析罗马式建筑特色。	通过视频，让学生根据建筑描述其特点，培养学生的地理实践力。

(续表)

	教师活动	学生活动	设计意图
环节3	耶鲁大学艺术史Kleine教授的罗马建筑公开课。当她提到万神庙时无比激动，并鼓动大家为这个建筑杰作花上一整天的参观时间！目的只有一个，在一天中的不同时间欣赏穹顶上那直径8.92米的圆洞喷射下来的天光！让同学们思考为什么要花上一天时间观察。	学生思考认为，一天中太阳高度角的不同，天光在万神庙的位置也不同。	感受地理的美，培养学生的审美情趣。
环节4	为了欣赏光斑舞，该选择什么季节出游？	学生可以根据意大利罗马所处的气候类型，判断天气较好的季节应该是夏季，该地区属于地中海气候，夏季晴天多，便于观察。	考查地理中的气候类型，培养学生的区域认知和综合思维能力。
环节5	为了能够让天光照向大门，据图观察万神庙大门的朝向。	学生们观察判断大门是朝北的。	培养学生的空间思维能力。
环节6	让学生计算二分二至时罗马的正午太阳高度，并判断，当地正午时天光的可能位置。	学生根据正午太阳高度角计算公式计算二分二至时的正午太阳高度角。	培养学生的跨学科素养。
环节7	通过建筑的尺寸，测量出若要天光直射大门，那么此时的正午太阳高度角是62°30′，计算当时应该是什么时候。	学生根据计算，可得出太阳直射点应位于14°21′，大致是夏至日前后1个月。	结合地理知识判断时间，培养学生的综合思维能力和跨学科素养。
环节8	屋顶是个直径8.92米的圆洞，那下雨天该怎么办呢？观察宗教活动与月份的关系。	学生读图分析宗教活动主要是在夏季。	培养学生的读图分析能力。
环节9	观察万神庙和周围的建筑，分析穹顶暴露在风场中对下雨有什么影响。	学生应用物理原理思考。	培养学生的跨学科素养。

(续表)

	教师活动	学生活动	设计意图
环节10	教师解释康达效应，并请学生应用该效应解释万神庙的穹顶不怕漏雨的原因。	学生用物理学的心康达效应解释。流体在接触到凸起的弧形表面时会产生粘着力，进而导致周边流体有贴向这个表面的趋势。而在穹顶外部，无论风来自何方，都是一个理想的凸出表面。	培养学生的实验探究能力和物理原理的应用能力。
环节11	解释风拔。	本就没什么阻挡的风掠过穹顶（形成正压风场），而屋顶空洞处因为外部过强的空气流速从而在内部形成了负压，于是底层的空气因为压力差被带动上升，甚至牵引到贴近地面的空气运动，形成所谓的风拔。	培养学生的物理的科学思维能力。
环节12	古罗马人和他们超长的节日时间，举行公共派对的时候需要使用大量的蜡烛。用这个原理来解释。	当整个大厅被数万根蜡烛照亮，同时蜡烛燃烧产生热量。再加上人群拥挤，罗马人都可以当成一个个功率可达100瓦以上的散热体。于是，室内空气被加热，开始上浮。	培养学生物理的科学思维能力。
环节13	要求学生总结归纳。	学生通过物理原理解释万神庙不易漏雨的原因。	
环节14	当然，并不是说这个敞开的大洞就会百分之百的风雨不侵，当有雨水落下时，只能靠地上的设计精美的排水系统了。		

(续表)

	教师活动	学生活动	设计意图
教学反思	通过该节课，学生深入了解了罗马万神庙的穹顶存在的特殊意义。本节课既涉及美学、建筑学，也涉及地理、物理及宗教等学科，培养了学生的跨学科素养。地理和物理原理在这节课中应用得非常合理巧妙。		

第二章

论文写作

第一节　跨界课堂研究

高中地理开放性课堂之跨界课堂的实践研究[①]
——以校本课程"游览罗马万神庙"教学为例

【摘　要】　核心素养有学科素养和跨学科素养之分。高中地理教学中，跨界课堂是提升学生学科素养和跨学科素养的一种课堂教学模式，也是实现开放性课堂的一种有效尝试。跨界课堂是以某一学科为中心，打破学科之间的界限，实现学科知识尽可能地相互交融、彼此支撑，有目的、有计划地进行教学设计和组织教学的一种课堂模式，该种教学模式有利于提升教师的跨学科教学，有利于提升学生的核心素养。

【关键词】　核心素养　跨界课堂　跨学科素养

当下，核心素养成为我国基础教育的热点，核心素养包括学科素养和跨学科素养。2016年9月《中国学生发展核心素养》总体框架中提出核心素养是指"学生在接受相应学段的教育过程中逐步形成起来的适应个人终身发展与社会发展的人格品质与关键能力"。分为文化基础、自主发展、社会参与3个方面，综合表现为人文底蕴、科学精神、学会学习、健康生活、责任担当、实践创新6大素养，具体细化为国家认同等18个基本要点。美国"21世纪技能"的核心素养系统中，包含了5个21世纪议题，即全球意识、理财意识、公民素养、健康素养、环保素养。欧盟向各成员国推荐数学与科学技术素养、信息素养、学习能力、公民与社会素养、创业精神及艺术素养等核心素养体系，统整了个人、社会和经济三个方面的目标和追求。[1]由此可见大多数国家和国际组织的素养同时包含了学科素养和跨学科素养这两个方面，它们之间存在着复杂的互动关系。而跨界课堂的实施有利于学生学科素养和跨学科素养的培养和提升。

跨界课堂是实现开放性课堂的一种有效尝试，主要体现在学科的跨界上，即以某一学科为中心，打破学科之间的界限，实现学科知识尽可能地相互交融、彼此支撑，有目的、有计划地进行教学设计和组织教学的一种课堂模式[1]。开放性课堂是指与封闭性课堂相对立的一种教学模式，是指在教师的积极指导下，赋予学生最充分的民主，学生以多种形式全面发展自我的一种课堂教学模式。包括目标开放、内容相对开放、

[①] 本文系江苏省教育科学"十三五"规划2016年度重点资助课题"基于地理实践力培养的高中开放性课堂研究"的研究成果。（课题编号：C-a/2016/02/13）
本文2020年8月发表于《中小学教师培训》。

学习方法开放、思维方式开放、学习成果开放、学习环境开放。它主要聚焦三个维度：教师与学生的心理空间由封闭到开放到融合；教材的知识空间与学生的经验空间由封闭到开放到融合；课堂的学习空间与学生课外的生活空间由封闭到开放到融合。开放性课堂对培养学生的创新意识、创新精神、实践能力和提高学生的核心素养有着明显的促进作用。

2017年我国教育部推出《地理课程标准》，对地理教学给予了指导意见，课标提出：为了培养学生的地理核心素养，"要秉承多样化观念，灵活使用教材，积极使用多种资源，了解、理解、驾驭不同的教学思路和教学模式，使教学具有开放性"，并且要求注重情境化教学"包括学生日常生活的情境，地理与生产联系的情境"，不仅如此，还"要高度重现复杂、开放性真实问题情境的创设，即把具体任务尽可能放在真实、复杂性的现实情境之中"[2]。而现实中很多复杂的问题不是仅仅通过地理的思维方式就能解决的，如果融入跨界思维方式，提高学生跨学科素养，那么很多复杂的问题就会迎刃而解了。

一、跨界课堂的教学开发

在跨界课堂的教学开发和设计中没有现成的教材，教师可将平时遇到的现象或问题作为背景材料，以高中地理学科为核心，有机融入其他学科的相关知识，并以问题的形式加以串联，从而构建跨学科教学。

1. 善于发现跨界主题

新《课标》中提出"'问题'的设计需要依托情境，建议在选择情境时应贴近学生的知识水平、生活实际和社会现实"[2]。在平时的生产和生活中，我们身边会遇到各种各样的事件，这样的案例才是鲜活的、灵动的，且是值得探究的。尤其是当今的一些社会问题或热点话题，如2019年，中俄东线天然气管道的开通，澳大利亚森林大火引发的一系列自然灾害，新冠肺炎席卷全球，等等。如果善于挖掘，我们便能够由此开发出一系列以热点问题作为案例背景，以地理知识为核心内容，融通其他学科，构建跨界课堂教学。因此，教师们要经常留意身边的时事热点，拥有一双善于发现的慧眼。

2. 巧妙构建跨界课堂

教师是课堂教学的设计者和主导者，在选取好教学情境案例之后应思考教学过程，做好充分预设，并巧妙融入解决预设问题相关联的其他学科知识，这需要教师具备较高的跨界素养，即储备和积累其他学科的知识。如根据上述热点问题开展跨界课堂设计：研究中俄东线天然气管道的修建，可以构建地理、政治与经济的跨界课堂；研究澳大利亚森林火灾，可以构建地理、生物与自然灾害的跨界课堂；研究新冠肺炎席卷全球可以构建地理、生物、政治、经济的跨界课堂等。构建跨界课堂具体流程可参考图1。

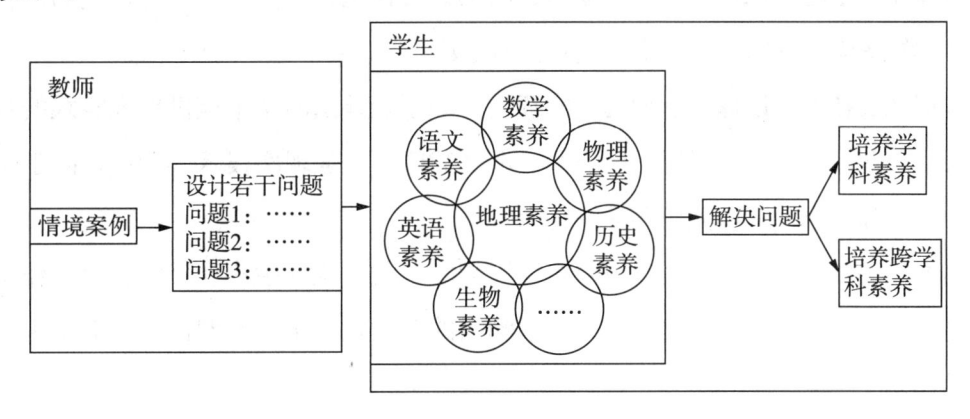

图1 构建跨界课堂流程图

二、跨界课堂的实施过程

在目前单科教学环境下，以校本课程为形式来实施跨界课堂，成为高中跨界课堂的主流。在校本课程推进中，可以逐渐完善跨界课堂的实施。下面以校本课程"游览罗马万神庙"为例，阐述跨界课堂的实施过程。

1. 依托现实情境，开展问题研究

该课围绕游览罗马万神庙展开，而万神庙的最经典之处即在58米高的穹顶之上有个直径8.92米的大圆洞，游客可以欣赏到从这圆洞射入的天光在穹顶和建筑内部的墙壁、地面上形成光斑舞动，给人以无限的震撼。教师由此设计了两个问题：我们在游览万神庙时选择什么时候最适合？万神庙巨大穹顶上直径8.92米的圆洞，是没有玻璃封盖的，会不会漏雨？问题非常生活化、接地气，但是又需要学生拥有一定的地理、数学、物理等多学科知识才能解决这些问题。要直接解决这两个大问题是有一定难度的，教师需要将这些问题逐步分解成若干小问题（见图2），将问题逐渐简化，引导学生分析、思考。

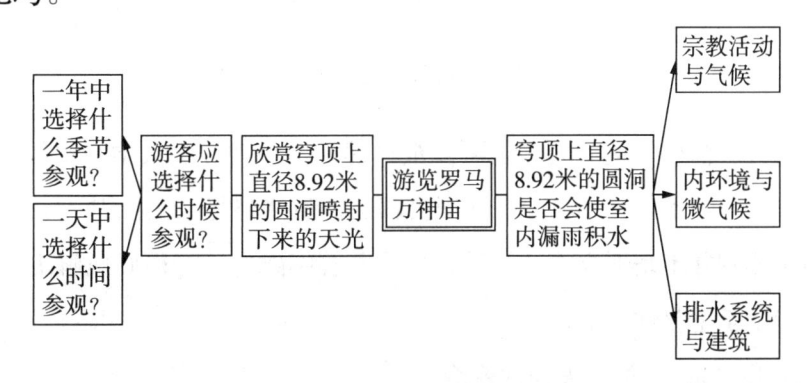

图2 跨界课堂实施的问题设计

2. 基于信息技术，展现建筑美学

若要让学生能够深入探究，教师应在前期做好铺垫，充分展示罗马万神庙的宗教特点与建筑美学，这需要借助现代信息技术手段。

虚拟现实技术可以提供近似真实的环境，为不能外出的学生提供地理实践的替代性体验。因此，在课上，通过虚拟现实技术（VR）、增强现实技术（AR），向学生展示万神庙的建筑以及室内光斑舞动的美感。

另外，通过信息技术手段，教师还可以即时获得学生的生成和反馈，及时作出有效评价，从而改变教师的评价方式，加强师生的互动性，更好地发挥评价对学生的个体指导作用。

3. 融合多种学科，培养跨学科素养

传统的教学，在各个学科间有道道鸿沟，而打通学科通道则是让多种学科融合的具体手段，使得教学更具开放性。地理学科最大的特点就是综合性，地理学科的综合性也说明了需要形成各学科合力，才能解决各种地理问题，并且学科的共生和融合确实能够促进学生在学科间灵活转换，更加快速有效地解决各种类问题。下图（图3）是解决上述两大问题所要借助的学科知识和思考路径：

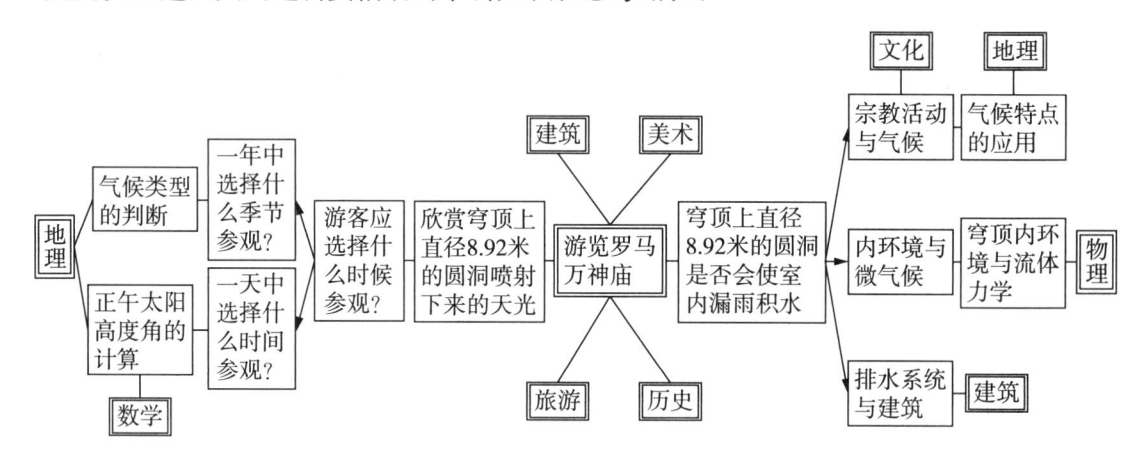

图3 跨界课堂问题思考途径（各学科融合）

通过创设真实情境问题，同学们可以很自然地应用地理、数学、物理、旅游、历史、建筑、文化、美术等各学科专业知识去解决，虽然将复杂的问题，分割成一个个小问题，但是分割并不是孤立的，最后又将这些答案融合，在很好地解决了现实问题的同时，塑造了学生整体的知识观。

4. 观察学生生成，关注表现性评价

表现性评价是指对学生在真实的情境中完成某项任务或任务群时表现出的语言、

文字、创造和实践能力的评定，也指对学生在具体的学习过程中，所表现出的学习态度、努力程度以及问题解决能力等方面的评定。在跨界课堂中开展的表现性评价应该更加凸显学生的跨学科素养的评价。在芬兰，政府为关注跨学科素养的过程性发展和形成性发展，确保成就同等判定，将等级定在 5~10，5 为表现不佳（Poor），6 为一般（Fair），7 代表尚可（Average），8 为良好（Good），9 为很好（Very Good），10 代表卓越（Excellent）[3]，等级 5 是基础教育证书的最低标准，意味着"通过"（Pass），等级 10 代表着非常优秀。那么我们在跨界课堂中也可根据学生具体的学习任务完成情况进行等级评价。例如，教师提出参观罗马万神庙时，游览者应选择什么时间可看到光线正好照射在大门上这一问题。在思考这一问题时，学生需要掌握当地气候类型及特点，以及正午太阳高度角的计算方法。如果学生只能回答所选择的季节，那么说明该学生具备的地理素养比较单一，缺少学科的关联；如果某学生不仅能够通过地理知识判断季节，还能通过数学计算等方式来判断具体时间，那么说明该学生具备一定的地理和数学的跨学科素养（表1）。

表 1　学生的表现性评价

分值	表现	素养评价	等级
1 分	能正确判断季节。	学科单点素养	不合格
2 分	能正确判断季节并说明理由。	学科多点素养	合格
3 分	能正确判断季节并说明理由，会计算正午太阳高度角，判断粗略时间。	跨学科关联素养	良好
4 分	能正确判断季节并说明理由，会利用正午太阳高度角的计算，判断具体时间。	跨学科融合素养	优秀

通过多项任务的预设，学生有多种结果的生成，可以记录在学生平时的成长档案袋之中，作为今后地理学业评价的参考数据之一。通过多节跨界课堂的详细记录，可反映出学生的学科素养和跨学科素养的形成过程和路径轨迹，使表现性评价成为一种能够真实反映学生核心素养的评价方式，也能作为其核心素养是否有提升的方法、手段和参考依据。

三、跨界课堂的课后反思

1. 基于中心学科统整

在跨界课堂实施中，对不同学科进行统整时，根据情境，要以某门具体的学科为中心，选取其中的知识或原理，相关学科配合该主题进行教学。例如，本课要以地理学科为中心，其他学科为辅助的学科。教师上课时，以一位地理教师为主，其他学科教师为辅，切忌喧宾夺主。

2. 注重问题式探究

该节课依托游览罗马万神庙作为真实情境，贴近学生的知识水平、生活实际和社会现实，学生能够很好地理解情境。之后通过两大问题展开，并衍生出多个小问题，同时向学生提供相关材料，让学生在情境中开展合作探究活动，通过跨学科思维分析，解决问题由易到难，层层推进。虽然学习过程中遇到了一些困难，但是不少同学还是克服了，并顺利达成了学习目标。

3. 培养跨学科素养

素养包括学科素养和跨学科素养。本课很好地打通了学科间的壁垒，使得学科间不再孤立，达到了共生和融合。通过具体现实的问题把具有内在联系的不同学科内容、不同领域内容融通、整合，培养了学生的地理、数学、物理等跨学科素养。

当然，很多跨界课堂的设计需要教师自主研发，因此，成功实施跨界课堂的教学，不仅需要巧妙的教学设计思路，也需要优秀的教师来引导学生开展课堂教学，更需要知识储备全面、学科视野广阔的教师来完成。教师自身能否建立起各学科知识的联系是实施跨界课堂的关键。在现实中，一些教师如果暂时缺乏相应的知识储备，可以通过多位教师合作来实现课堂教学。

跨界课堂的实施，使得高中地理教学焕发了新的生机，实现了教学内容、教学目标、学生思维等方面的开放融合，让教师在不同学科的知识与文化中浸润高质量的跨学科教学，鼓励教师对不同学科的求知与"浸润"，推倒了学科分化的"高墙"，重塑了课堂教学模式，同时还有效地培养了学生的核心素养，更重要的是激发了学生的学习兴趣，激活了学生的跨界思维，让学生的思维模式更加多样化，感知知识的完整性，树立学生正确的学习观，让学生终身受益[4]。学生在学科课程中习得学科的能力不应该只在这门课程中才有运用价值，不应该只在考试中才有价值，而应该成为自己在未来解决更复杂的跨学科的真实问题的基础[5]。

参考文献：

[1] 邵俊峰. 高中生跨学科素养培育的思考与实践 [J]. 江苏教育, 2016 (11).

[2] 中华人民共和国教育部. 普通高中地理课程标准（2017年版）[M]. 北京：人民教育出版社, 2017.

[3] The National Center on Education and the Economy. Basic Education Decree [EB/OL]

〔2017-08-27〕. http：//ncee. org/wp-con-tent/uploads/2017/01/Fin-non-AV-6-Fin-land-Basic-Education-Decree. pdf.

[4] 张玉荣. 跨界课堂教学分析与思考——以"跨学科思维下的理化问题分析"为例[J]. 教学月刊·中学版教学参考, 2018（03）.

[5] 夏雪梅. 学科项目化学习设计：融通学科素养和跨学科素养[J]. 教育研究与评论·中学教育学版, 2018（09）.

跨界课堂下学生综合思维的培养[①]
——以地理主题式校本课程为例

【摘　要】 综合思维是指人们运用综合的观点认识地理环境的思维方式和能力。在地理教学中，教师开发地理主题式校本课程，以跨界课堂为课程的实施方式，融合浸润多学科的知识技能，养成学生的跨界思维和综合思维，促进学生的思维能力的提升。

【关键词】 综合思维　跨界课堂　校本课程

2017年教育部颁布了《普通高中地理课程标准》（以下简称《课标》）。新《课标》进一步明确了地理学科的综合思维等四大核心素养及其相关的教学要求。综合思维是指人们运用综合的观点认识地理环境的思维方式和能力。《课标》要求学生能够从地理要素综合的角度认识地理事物的整体性；能够从时间和空间的综合角度分析事物的发展演变；能够从地方或区域综合的角度分析自然和人文要素对地方或区域的影响。这是对学生思维能力提升的一个新要求。建构跨界课堂可以促进学生综合思维的培养。跨界课堂，主要体现在学科的跨界上，即打破学科之间的界限，让各学科知识尽可能地相互交融、彼此支撑。其实，任何一门学科都不是孤立的，尤其是地理学科，它具有综合性的特点。当我们在地理教学中渗透相邻学科内容之后，学生的思维就不再局限于地理学科，而是基于真实情境形成了多学科跨界的综合思维，扩大了综合思维的发展空间。主题式校本课程是实现学科交融的有效途径。主题式校本课程是以某一跨学科主题为研究对象的由学校教师开发的课程，具有跨界性、综合性、适应性和多样性的特点，有利于培养学生的综合研究分析能力、项目开发能力和思辨能力等关键能力。为此，我们在地理主题式校本课程的开发中强调以贴近学生生活和真实世界为主题，以跨界课堂为课程的实施方式，融合浸润多学科的知识技能，养成学生的跨界思维和综合思维，促进学生思维能力的提升。

一、地理主题式校本课程开发的跨界性

《课标》中提出地方或学校要开设与地理相关的地方课程和校本课程，以满足学生的兴趣和个体发展的需要。教材要有明确的教学目标，教学内容要充实。要培养学

[①] 本文2018年12月发表于《地理教育》。

生的综合思维和跨界思维能力，在进行主题式校本课程开发时，应具备思考性和跨界性的特点。

在编写教材时切忌编写成百科全书式的教材，教材在预设地理知识点时应呈现相关的地理材料，设置若干发人深思的地理问题，并且环环相扣，步步推进，这样才能让学生多思考，多研究，加强地理综合思维训练。为了突出"跨界"的特点，在编写教材时要特别注意将各学科知识点渗透到地理校本教材中去，让多学科的知识点相互交叉、融合，并串联起来，达到构建跨界课堂的目的，为培养学生多学科的综合思维能力创造条件。

例如在编写校本教材《模拟气候大会》中，为了让学生了解各国对全球气候变暖的立场，可向学生展示材料，并引导学生思考。例如教材可以展示海地共和国在气候大会时的立场文件（略），之后可让学生分析以下几个问题：海地国家的立场是什么？气候变暖对海地气候产生哪些影响？气候变暖如何影响当地的政治、经济格局？气候变暖如何影响海地的生态环境和人类健康？从材料分析到阐明观点，这个过程是对区域发展、资源环境、国家安全等角度的全面、综合、系统、多学科角度的分析评价，问题具有一定的开放性和思考性，可以有效培养学生的综合思维和跨界思维能力。

二、地理主题式校本课程中综合思维培养的实施

1. 在材料分析中培养综合思维

地理问题所呈现的相关材料复杂多样，但表现形式主要有文字材料和图表材料。问题设计应突出地理要素的综合、时空的综合、地方或区域的综合。比如在开展《常熟的森林与湿地》教学时，可展示常熟的虞山和尚湖的材料或图片，包括文字材料、地形图、景观图等，让学生认识虞山和尚湖，再进一步探讨它们的成因及两者的关系，以及对周边其他地理要素的影响。之后，加入人类的活动，分析目前虞山、尚湖的现状，再进一步深入研究，我们今后应该如何开发保护，及对未来的展望等。该节内容从地理要素、时空及区域的角度，多方位训练学生的思维品质、习惯，训练学生的思维结构，体现生物、化学、文学等跨界学科知识的融合，对学生综合思维能力的培养有一定的促进作用。

2. 在合作探究中培养综合思维

由于地理素材的多样性和广泛性，学生在分析材料时应采取小组合作探究模式，"三个臭皮匠赛过诸葛亮"。小组分工可以节约研究时间，小组合作可以从材料中获取更多的信息量，小组探究可以利用集体的智慧。因此，利用小组合作探究模式可以集思广益，让多种思维火花碰撞交流。在开展《模拟气候大会》教学时，教师和学生事

先准备气候大会的资料，学生可根据相关资料分析各个国家的立场。发达国家和发展中国家的状况明显不同，因此，立场也不同，这需要学生们合作探究得出结论。为了凸现跨界课堂特点，在分析材料时可突出气候变暖对政治、经济、生态等多方面的影响；另外，还可查找相关的英文资料，让学生分析研究，有能力的学生还可以用英语发表观点。

3. 在总结归纳中培养综合思维

通过学生们的合作探究之后，可以要求学生进行总结归纳。归纳要分三步：首先，学生要针对上述问题，在头脑中形成大致的认识和理解；其次，可以分要点进行梳理和归纳；第三，要能够简明扼要地进行演讲或者文字记录。因此，在归纳的过程中，对综合思维的要求是非常高的，不仅要求学生思维要从多角度综合思考，还要具备有序性、联系性，并且其思维的表达、阐述要具有逻辑性、客观性。在《模拟气候大会》教学中，让学生阐述其所代表国家的立场，要求学生从多角度综合分析本国目前的现状、存在的问题，以及归纳今后采取的应对措施。若条件许可，让学生们分两队（代表发达国家和发展中国家），采用辩论赛的形式，模拟联合国气候大会。通过辩论赛，不仅让学生们深刻理解气候变暖，还让学生们了解到气候变暖对全球各国政治、经济的深远影响，以及涉及各国的利益问题、立场问题等。有助于学生的综合思维能力的提升，让学生能够全面地、辩证地看待现实中的地理问题。

三、跨界课堂下地理综合思维培养的评价

1. 评价内容

评价内容不仅要突出综合思维的三个方面：要素的综合、时空的综合和地方或区域的综合，还应有跨界综合的内容。即要求学生对某个地方或区域的地理现象，分析其自然地理要素和人文地理要素的相互作用，并且客观地分析该地理现象的形成、发展和演化的过程，同时融合跨学科的知识点。在《常熟的森林和湿地》教学中，让学生分析讨论虞山的森林和尚湖两者的关系。有些学生可能只能回答出几个要素，那么水平还处于 1 级；若学生可分析几个要素之间的关系，应处于 2 级水平；如果能辩证地分析，尚湖湿地让虞山的森林郁郁葱葱，有利于改善气候、保持水土、保护生物多样性等，相反，若围湖造田就会导致森林干枯、气候变干、水土流失、生物多样性锐减等，那么可以达到 3 级甚至 4 级水平；如果更进一步分析今后的虞山、尚湖的发展或演变，那么可达到 5 级水平了。另外，跨界课堂的特点，要求学生除了分析地理要素以外，还应从其他学科的角度分析评价。比如让学生从生物学科的角度分析尚湖湿地的生态价值等。

2. 思维结构

《课标》要求开展学生思维结构评价。根据学生学习结果的表现由低级到高级可分为无结构（思维混乱）、单点结构（只涉及单点要素）、多点结构（只涉及多点要素，但是无要素间联系）、关联结构（能够涉及各个要素，并且建立要素间的联系）、拓展抽象结构（能够更进一步地抽象认识）。教师可设计开放性问题，根据学生回答问题的情况来了解分析、评价他们的思维结构。例如，在《常熟的森林和湿地》中，让学生分析虞山森林和尚湖湿地之间的关系，如果学生无法说出，那么该生应是思维无结构；如果只能说出气候，那么应属于思维单点结构；说出多种要素，但无法说出其关联性，那么应属于多点结构；不仅能够说明多种要素，还能阐明它们之间的联系，应该属于思维关联结构；能够更进一步地抽象认识如分析今后的虞山、尚湖的发展演变等，应该属于思维拓展抽象结构。不同的学生，其思维结构总有差异，因此，了解学生思维结构的不同，对其综合思维的进一步培养和引导具有一定的针对性和目的性。

3. 评价方法

教师可以通过诊断性评价、形成性评价和总结性评价，开展评价活动。教师可在学期初制定综合思维培养的教学目标，围绕该目标开展诊断性评价，根据评价结果，开展差异性综合思维训练；在学期中，进行形成性评价，通过前期的综合思维训练进行评价，从而对前期的思维训练加以改善和调整；最后在学期末进行总结性评价，对一学期以来学生对该目标的综合思维的训练进行全面的综合的评价，并且为下一阶段推进综合性思维的培养做准备。同时，在训练期间，可针对不同的学生制定不同的训练方法，进行定期的动态检测，了解学生综合思维的发展变化。若有必要，可增加评价次数，以提高有效性。

4. 评价量化

评价综合思维的指标较多，而且不同的学生，综合思维水平也各有差异，因此，需制定综合思维水平的量化表进行测评。根据《课标》中地理综合思维的内容，结合跨界课堂的特点，制定下面的评价体系。（以校本教材《模拟气候大会》中分析"海地共和国的立场文件"为例）

表1 综合思维水平量化表

	水平1	水平2	水平3	水平4	水平5
	根据简单的地理现象从两个地理要素角度说明。	根据简单的地理现象从多个地理要素说明。	根据复杂的地理现象从多角度说明。	根据现实中的地理现象全面、系统地说明。	根据现实地理现象能够说明过去、预测未来。
要素综合	气候变暖引起海平面上升。	气候变暖会引起海平面上升，出现极端天气，甚至影响生态环境等。	气候变暖会引起海平面上升，出现极端天气，破坏生态环境，危害人类健康等。	能够详细分析气候变暖会对政治、经济、生态环境、国家安全等有一定影响。	能够预见发达国家和发展中国家政策的调控对未来气候的变化都有一定的影响。
时空综合	工业化社会之后 CO_2 等温室气体的排放导致气候变暖。	近年来，气候变暖对沿海低地的威胁越来越大，使中纬度地区干旱加剧，高纬度地区积温升高，影响农业生产。	气候变暖会引起海平面上升，影响经济，出现极端天气，破坏生态环境、危害人类健康等。	能够详细分析气候变暖会对全球的政治、经济、生态环境、国家安全等方面产生一定的影响。	能够预见气候变暖会改变全球的政治、经济格局及影响全球的生态环境。
地方或区域综合	海地位于低纬度沿海地区，气候变暖使海地受到了海平面上升的威胁。	海地受到了海平面上升的威胁并出现了极端天气，影响其工农业生产。	海地遭受海平面上升的威胁出现极端天气，影响其经济，生态环境恶化，疾病蔓延。	能够详细分析发达国家和发展中国家应公平但有区别地应对气候变暖的问题。	认识到气候变暖的问题引发了发达国家和发展中国家之间的博弈。

(续表)

	水平1	水平2	水平3	水平4	水平5
跨界综合	地理与物理、化学。分析温室气体增多引起气候变暖。	地理与物理、化学、经济。分析温室气体增多引起气候变暖,进一步影响全球经济格局。	地理与物理、化学、经济、生物。分析温室气体增多引起气候变暖,进一步影响全球经济,影响生态环境。	地理与物理、化学、经济、生物、医学。分析温室气体增多引起气候变暖;气候变暖影响全球经济、生态环境、人类健康。	多学科综合分析温室气体引起气候变暖;气候变暖影响全球经济、生态环境、人类健康、全球政治格局等。
思维结构	无结构	单点结构	多点结构	关联结构	拓展抽象结构

我们周围的地理环境是一个综合体,各地理要素相互联系,相互制约,并在人类的影响下不断发展和变化。通过跨学科的主题式校本课程,有助于学生更全面地、综合地、系统地、动态地认识理解和分析研究周围的环境,辩证地看待问题,培养学生的综合思维能力。在跨界课堂的引领下,学生以多学科角度来思考与研究问题,并在问题解决的过程中形成多元、独特的视角,完善、融合其知识体系,利用多学科的方法去分析问题、解决问题,进一步有效地培养学生的综合思维能力。

参考文献:

[1] 中华人民共和国教育部.普通高中地理课程标准(2017年版)[M].北京:人民教育出版社,2017.

[2] 邵俊峰.高中生跨学科素养培育的思考与实践[J].江苏教育,2016(11):10-13.

[3] 何洁,邓昊源等.基于综合思维素养的考生水平表现评价及其对地理教学的指导作用[J].考试研究,2017(01):15-26.

第二节 核心素养培育

构建开放性地理教学模式，培养学生地理核心素养[①]

【摘　要】2017年教育部在新《课标》中提出培养学生地理核心素养，通过深入研究，赋予地理课堂开放性的教学模式，并且构建多种形式的开放性课堂，赋予学生最充分的自由和民主，以多种形式全面发展自我，发展学生的创新能力和实践能力，提高学生的地理素养。

【关键词】　开放性课堂　地理核心素养　地理实践力

《基础教育课程改革纲要》指出："课程是一个历史范畴，课程目标、课程结构、课程内容都将随着时代的发展而变革。"因而教学模式的变化也应运而生。

开放性教学作为一种与封闭性教学相对立的课堂教学模式，是指在教师主导作用下，赋予学生最充分的民主，学生以多种形式全面发展自我的教学方式。包括目标开放、内容开放、学习方法开放、思维开放、学习成果开放、学习环境开放等。也包括三个维度：教师与学生的心理空间由封闭到开放再到融合；教材的知识空间与学生的经验空间由封闭到开放再到融合；课堂的学习空间与学生课外的生活空间由封闭到开放再到融合。开放性教学理念对培养学生的创新意识、创新精神、实践能力，以及全面提高学生的素质有着明显的促进作用。

《普通高中地理课程标准（2017年版）》中提出地理核心素养，是指学生在学习地理的过程中应具备的适宜终身发展和社会发展需要的必备品格和关键能力，包括人地协调观、区域认知、综合思维和地理实践力。

目前，部分地理课堂仍然沿用传统的教学模式，教师以灌输的教学方式为主，即使要求学生思考问题，也只能在教师预设的环节中根据固定的答题模式得出答案，学生思考问题的思路不得与教师的预设相背，且教学在固定的教室中进行，学生很少有机会外出活动。教师在这种"封闭"的环境中教学，会扼杀学生的创新能力和实践能力，与所倡导的培养学生的地理核心素养背道而驰。因此，必须构建开放性教学模式，有效开展地理教学，培养学生的地理核心素养。构建开放性教学模式需要做到以下五

[①] 本文系江苏省教育科学"十三五"规划2016年度重点资助课题"基于地理实践力培养的高中开放性课堂研究"的研究成果。（课题编号：C-a/2016/02/13）
2020年11月发表于《中学地理教学参考》。

个方面。

一、教学理念的开放

目前，部分教师仍然遵循传统的教师"教"、学生"学"的教学模式，教师自身应转变教学理念，开展开放性地理教学的理论学习、优质课的观摩以及教学实践活动。只有教师的教学理念开放，所设计的教学内容、教学过程以及开展的教学环节才能够具有一定的开放性，通过教师的引领，学生的学习过程、研究过程、发现过程、生成过程才能够具有一定的开放性。在开放的教学理念指导下，才能有开放的教学行为。

二、教学内容的开放

在确定教学内容之后，教师不应将教学内容局限于教材本身，应该将其与生产生活、其他学科及实践活动相融合，这样所学的地理知识才更有用、更综合、更有意义。

1. 与生产生活相融合

新《课标》要求"学习对生活有用的地理，学习对终身发展有用的地理，构建开放的地理课程"。地理教学应重视学生生活化的地理体验。要求学生在体验中获得地理知识，形成地理能力和地理观点，而不是通过文字符号系统地学习地理知识、地理能力和地理观点。要求学生围绕"生活中的地理"来开展地理研究。因此，在开展地理教学时应根据教学内容渗透人类的生产和生活实践，将所学的地理知识应用于实际的生产和生活中，这样掌握的知识才更有用、更灵活、更牢固。例如，在"地球自转的意义"的教学中，教师可以让学生举例并利用地理原理解释生活中哪些地理现象与地球自转有关，学生会想到太阳的东升西落、一天中物体影子长短的变化、上海和乌鲁木齐学校的作息时间表的差异、出国旅游需倒时差、河流两岸地貌景观的差异，等等。通过开放式的答案来解释生活中的地理现象，学生不仅活跃了思维，还牢固掌握了地理知识。

2. 与相邻学科相融合

任何一门学科都不是孤立存在的，尤其是地理学科，其本身具综合性的特点。当地理教学中渗透相邻学科内容之后，课堂就不再局限于地理课堂，而是跨界课堂，主要体现在学科的跨界上，即打破学科之间的界限，让各学科知识尽可能地相互交融、彼此支撑，以此培养学生的综合思维。例如，在"大气热力环流"的教学中，冷热不均是大气运动的根本原因，热空气暖而轻上升，冷空气冷而重下沉，这一知识点与物理原理有很大关联，可以渗透物理知识。通过多学科融合，跨界课堂构建，可以使地理学科真正具有综合性的特点，培养学生的综合思维能力。

3. 与实践活动相融合

地理实践活动的开展主要是为了培养学生的地理实践力，使地理课堂更加生动活泼。地理实践力是地理核心素养之一，是地理学科能力的重要组成部分，是学生在学习地理知识和各种地理实践活动中逐步形成和发展起来的，是能够顺利完成各种地理实践活动所必须具备的心理品质，以及顺利获得地理知识和完成地理活动的综合能力。地理实践力的类型多样，主要包括地理观测能力、地理调查能力、地理实验能力、地理制作能力、地理仪器操作能力及综合能力等。与之对应的地理实践活动也是丰富多样的，在地理教学中应根据不同的教学内容设计多种地理实践活动，丰富课堂教学过程。例如，在教学中可以添加地理实验，如水质的检测；热力环流实验，观察冷热不均引起的大气运动；模拟流水作用形成的侵蚀地貌和堆积地貌；模拟水土流失过程等。除此之外，还可让学生制作教具、绘制地图、开展材料分析研究等。总之，要让课堂活跃起来，学生动起来，加强学生的动手能力、分析应用能力，提高学生的地理实践力。

三、思维模式的开放

在地理课堂教学实施过程中，教师应积极地创造机会，充分开展各种活动，如角色扮演、辩论比赛、合作探究、模拟活动等，让学生自主发挥、合作讨论、深入探究，开拓学生的思维方式，充分发挥学生的发散性思维。例如，在"工业区位选择"的教学中，可引导学生思考作为企业家该对企业如何选址；在"河流的综合开发"教学中，可引导学生思考作为电力部门、旅游局、环保局、渔业部门负责人等该如何实现河流的综合开发；在选修地理"认识环境管理"中，可让学生开展模拟法庭；在"全球气候变暖"中，可将学生分为发达国家和发展中国家两组，开展应对措施的辩论赛。

四、教学生成的开放

"预设"是指教师围绕某个教学目标而进行的设计，"生成"是指在实施设计过程中学生的所得、所获。如果课堂设计只是根据教师事先预设按部就班，没有发挥师生双方的主动性和积极性，那么该节课就只是为了完成任务，是没有灵气的课堂。开放性的地理教学，会使学生的思维变得更加活跃，生成的信息更加丰富，而生成又会转为教学资源，学生成了教学资源的生成者和构成者；教师不再是知识的呈现者、纪律的管理者，而是课堂信息的重组者。例如，在"全球气候变暖"的教学中，教师可让学生思考全球气候变暖产生的影响。通过学生的发散性思维，可联想到全球气候变暖对全球经济、生态环境、人类健康甚至全球政治格局等都有深远的影响。此时，教师应进一步要求学生深入详细解释对各方面造成影响的原因。通过不断递进、引导，学生的生成会变得开放化、互动化、动态化、多元化。

五、教学形式的开放

目前，地理教学大多在教室开展，部分教师会对教学形式或教学环境如何开放产生疑问。其实，教师可充分利用学校课程基地或课余时间来开展地理教学，地理教学的形式和教学环境就会丰富多样。

1. 依托课程基地

部分学校基础设施完善，不仅有校内的课程基地，也有校外的课程基地，并且建立了相应的社团，定期举行社团活动。教师可以带领学生进行地质考察、生态监测、地理摄影、气象检测等户外考察活动，或是对工厂、企业、交通、农业进行专题调研，使地理课从室内延伸到户外，从校内延伸到校外，拓宽学生视野，开放教学环境，丰富教学素材，并且结合家乡地理，让学生更亲近自然与生活，感受地理之美。

2. 开展研学旅行

师生可利用假期围绕某项主题开展研学旅行。例如，教师带领学生开展家乡地理的研学旅行活动，体验家乡的山地、平原、森林、湖泊、河流、城市、农田、村庄、工厂，与家乡近距离接触。让学生以小组为单位，每个小组研究某个专题，绘制地图，探讨家乡自然和人文地理，让学生从地理的视角认识家乡，体验人地观念。

3. 开展社会调研

从地理视角选择学生感兴趣的专题开展调研活动。例如，开展"关于某城市的旅游资源现状调查"活动，让学生分组开展旅游资源调查，绘制城市地图，调查之后再进行标注。根据各个旅游景点设计相关的调查问卷，如旅游景区、旅游特色、旅游方式、旅游线路、客流量、目前状况、面临困难、改善措施等。通过旅游资源调查，学生可掌握某城市的旅游资源现状，关注旅游中出现的问题并提出解决措施，或根据旅游资源的分布设计一日游、二日游的线路，从而提高学生的地理实践力，培养学生的家国情怀。

4. 记录旅行点滴

部分学生会选择假期外出旅行，通过旅行能够看到、学到教材上未涉及的地理知识。作为教师，应提前做好引导。例如，教师提前指导学生学做旅行记录，要求有条件的学生在旅途中以地理的视角记下所见、所想，旅行结束后做好总结。这样，学生在旅行中不是粗略地一带而过，而是更加细致、深入地进行观察和研究。这不仅有利于地理学习，还能培养学生的地理素养。

综上所述,通过构建开放性教学模式,实现了教师的点拨和启迪、学生的生成和发展的教学目标。在具体的地理教学实践中,应采取多层次、多角度的做法,不受传统程序、格式的限制,将地理核心素养融入其中,使地理教学更加灵动、富有生命力。

参考文献:

[1] 中华人民共和国教育部. 普通高中地理课程标准(2017年版)[M]. 北京:人民教育出版社,2017.

[2] 逄增辉. 构建高中数学开放性课堂的策略探析[J]. 教学管理与教育研究,2019(21).

对地理概念教学的几点认识[①]

【摘　要】 地理概念是地理学科知识的基石，没有科学准确地掌握地理概念，就不能很好地把握地理学科的内涵。文章分析了地理概念教学中的常见问题，介绍了地理概念教学的基本方法，以及如何抓好地理概念教学的"备、讲、练、用"四个环节，从而达到提高地理教学质量和促进素质教育的目的。

地理概念是地理学科知识的基石，没有科学准确地掌握地理概念，就不能很好地把握地理学科的内涵。高中地理综合性强、涉及面广，课本中出现的概念多，特别是地理术语和地理名词多，学生学习难度大，如不能很好地掌握地理科学概念，就无法准确地进行地理科学的思维培养。笔者认为对地理概念重在理解，要理解它的内涵和外延，因此，在地理教学中如何让学生科学、准确、系统地掌握地理概念是教学中的重要环节。

一、地理概念教学中的常见问题

1. 对概念教学的疏忽、缺失

这一点在新教师中表现得更明显。因为有的概念词句简单，无甚可讲，且可以顾名思义。因此，教师也没有对概念做过多解释，这就导致许多学生不重视概念的学习，对一些地理概念的内涵和外延认识模糊，相互混淆，直接影响地理概念的掌握和使用，影响地理基础知识的掌握和基本能力的提高。

如"地势""地形"与"地貌"等相近的概念，未加辨别，还有诸如"180°经线"与"日界线"、"光照"与"热量"、"滑坡"与"泥石流"等。对此，课本上没有加以总结区别，若学生对课本挖掘不够、把握不好，就会对地理概念处理不好，从而导致知识混乱。

2. 概念教学形式化，逻辑关系不清晰

教师在课堂讲授相关概念时，只是将概念板书在黑板上，或者在教材上画出，让学生诵读、记忆，没有对概念进行科学地分析，学生只是记住了概念，并没有真正理解和掌握概念，更谈不上科学地运用地理概念。还有些教师在进行概念教学时仅仅关注单个的概念，概念群之间的逻辑关系不清晰，不利于学生对相关概念的同化以及概

[①] 本文2014年12月发表于《地理教学》。

念之间层级关系、逻辑关系的理解，造成学生在运用概念的过程中张冠李戴、模糊不清。

二、地理概念教学的基本方法

1. 抓关键词法

学生在初学概念时能否科学准确地掌握地理概念，是非常重要的。科学研究表明，纠正学生的错误前概念是非常困难的，连最优秀的学生也不例外，因此在学生初次接触某个地理概念时，应尽量保证其学习的是科学、准确的概念。表达概念内涵即地理事物本质特征，往往只有几个词语。教学过程中，可通过巧妙设计教学环节，帮助学生抓住关键词，分析疑难点，达到化繁为简、化抽象为具体的效果。

如"天体"概念的理解。天体是宇宙间物质的存在形式这一概念，学生对"物质"并不难理解，"宇宙间"却难以确定。我指出，地球也存在于宇宙空间，是天体。但是，在地球大气圈以内的物质只能说是地球上的物质，不能说是天体。地球大气顶部是宇宙空间与地球的界线。教师只要讲清这一界线，学生就容易明白恒星、星云、行星、卫星、彗星、星际物质、运行中的人造卫星和宇宙飞船等都是天体。而停在发射架上的人造卫星，或是降落到地面的流星体残骸即陨星就不是天体。

2. 实地考察法

实地观察法，即观察者有目的、有计划地运用自己的感觉器官或借助科学的观测仪器，直接了解当前正在发生的、处于自然状态下的地理现象的方法。通过实地观察，可总结地理事物的本质特征，把握概念内涵。一些概念照本宣科，很抽象，学生不易理解，教师可带领学生到室外实地考察，先观察地理事物的外部特征，再综合分析，抓住事物的本质特征，形成概念的内涵。

如"亚热带常绿阔叶林"概念的理解。学习亚热带常绿阔叶林这一概念时，可以带学生观察樟树、山茶树、广玉兰等，并与梧桐树、柳树、水杉做比较，通过比较，学生较容易对常绿阔叶林这一概念的内涵和外延产生比较全面的认识；还可以组织学生实地观察梯田，了解在梯田上耕作比在坡地上更有利于农业生产和水土保持，让学生亲身体会到人类对不利自然要素的适当改造。

3. 图示法

地图作为地理学的"第二语言"，以直观、形象、简明的方式体现地理事物的分布，蕴含地理事物的本质特征。指导学生通过阅读地图，形成地理表象，然后在此基础上，进行分析、概括、思维加工，形成地理概念，是地理概念教学的重要途径之一。

如黄赤交角是专业的地理概念，教学中可以引导学生从这几方面看图：自转赤道面、公转黄道面、赤道面和地轴交角90°、公转过程中地轴对于黄道面保持66°34′倾角、黄道面与赤道面形成固定夹角23°26′。以图示呈现，比语言要直观、简单得多，而且学生理解准确、印象深刻，能够形成"心理地图"。

4. 类比法

（1）近似概念。如天气和气候，国土和国土资源，热带雨林和热带季雨林，水资源、水力资源和水利资源等都属近似概念，很易混淆。只有从本质特征即内涵上区分，找出相同点和不同点，才能确定适用范围。

如降水和降雨，都表示大气中水汽凝结降落到地面这一现象。不同点是降水指从云雾中降落到地面的液态和固态水，而降雨即从云中降落到地面的滴状液态水。可见，降雨只是降水的一部分，仅指液态水即雨水。所以，在描述气候特征时，如亚热带季风气候年降水量1000毫米左右，用的是"降水量"；河流的五种补给形式之一是"雨水"，即降雨，两者不可调换。

（2）矛盾概念。外延相反的概念叫矛盾概念。如内力作用与外力作用，寒流与暖流，重工业与轻工业等。这类概念也必须从内涵入手，找出差异再分析外延上的相反性，确定"矛盾"所在，才能正确区分。

如可再生资源和非可再生资源是一对矛盾概念。可再生资源是在人类历史时期内不断更新生长、繁殖的资源；在人类历史时期内不能重新出现的即是非可再生资源。两者的差异便是"人类历史时期内能否重新出现"这一时间尺度，也是导致外延相反的主要原因。根据这一标准分析，矿产资源是非可再生资源，生物资源、土地资源、水资源、气候资源等都是可再生资源。

（3）包含关系的概念。地理环境、社会环境、城市环境三个概念，都表示人类生存的环境。但地理环境是以人类为中心的环境；社会环境是人类在自然环境基础上通过长期有意识的社会劳动创造的人工环境；城市环境是人类对自然环境干预最强烈的地区，人口多、房屋密集、交通拥挤是最大的特点。

三、抓好地理概念教学的"备、讲、练、用"四个环节

1. "备"。备课要认真琢磨教材中的每个重要概念。所有概念都有其内涵和外延，内涵指事物的本质属性，外延指与它相关的对象范围。

2. "讲"。在地理教学中，讲解概念必须要注意概念的完整性。如自然资源是指人类直接取之于自然界并对人类有利用价值的那部分资源，取之于自然和有利用价值两个方面缺一不可。此外，在讲解地理概念时，还要根据本学科的特点，充分运用景观图、课本插图等具体图像，使学生在获得地理事物和现象的感性知识的基础上，通

过各种逻辑思维的方法，比较、分析、综合和概括，区别事物和现象的本质属性与非本质属性，逐步由具体的地理表象形成抽象的地理概念，将感性认识上升为理性认识。

3．"练"。学生形成地理概念，不能只停留在背诵概念的词义上，还要通过必要的训练，进一步加深对概念的理解，以达到牢固掌握概念的目的。对于一些文字相近而含义完全不同的概念，只有让学生通过反复训练，才能在比较中对概念加以鉴别，避免混淆概念。

4．"用"。分析一切地理问题，都必须从概念出发，在正确掌握概念的基础上，运用相关的地理基本原理，揭示出地理事物之间的内在联系。要让学生逐个理解地理概念，分门别类地掌握地理概念体系，了解各级地理概念的并列或从属关系，了解概念间的区别和联系，使地理概念成为具有内在联系的系统化的知识，而不是互不联系的、孤立的名词解释。

四、结束语

综上所述，概念的教学方法是多样化的，只有教师针对教学实际，运用科学和艺术的地理概念教学策略与手段，才能让学生正确掌握学习地理概念的具体方法，形成清晰的地理概念，培养良好的思维能力，从而达到提高地理教学质量和促进素质教育的目的。

参考文献：

[1] 王永刚．高中地理概念教学之我见［J］．青海教育，2007（01）．

[2] 邓焕金．浅析高中地理教学中的线性规律［J］．科海故事博览·科教论坛，2010（03）．

[3] 黎海湖．浅析高中地理概念的教学［J］．中学教学参考，2010（12）．

[4] 高晓华．比较法在地理概念教学中的应用［J］．当代教育论坛，2005（14）．

第三节　信息技术应用

基于 Google Earth 软件培养学生的区域认知能力[①]

【摘　要】 区域认知能力是培养学生地理学科核心素养的能力之一。Google Earth 软件功能强大,在地理学科的区域认知教学中能够发挥足够的优势,不仅能够很好地辅助教师教学,还能培养学生的区域认知能力,提高学生的学习效率。

【关键词】 Google Earth 软件　区域认知能力

区域认知能力是培养学生地理学科核心素养的能力之一。区域认知内容包括地理分布、地理特征、地理成因、地理演变和地理评价五种类型,将其知识融合成为区域认知体系。虽然区域认知能力并不完全等同于地理素养,但区域认知水平可作为评价地理素养的关键指标,能在一定程度上代表一个人的地理素养水平。因此,培养和提升区域认知能力是提高个体地理素养的关键一步。

地理学最突出的两个特点就是综合性和区域性,而 Google Earth 软件在地理的区域认知教学中能够发挥足够的优势。与传统挂图和地球仪不同,Google Earth 不仅能够从整体角度观察该地理区域的位置、地貌、河流湖泊等事物以及城市的交通线路和港口设施等,还可以通过不同专题地图叠加后的效果,全面地展示城市的各个区位要素。并且,Google Earth 不仅能展示某一时期区域静态的状况,还能展示不同历史时期某区域动态的变化情况。因此,Google Earth 软件功能强大,能够很好地辅助教师教学,培养学生的区域认知能力,提高学生的学习效率。

一、认识区域

通过软件输入地名,软件就可以自动展示所搜索的地区,学生就能了解该地的区位,而且还能了解到周边的地区情况,即学生对绝对位置和相对位置的认知。比如在学习《荒漠化的防治》这节内容时,我们以阿克苏地区进行案例教学。输入阿克苏,找到阿克苏的位置,学生可以发现 Google Earth 软件展示出大片的黄色的区域,而阿克苏就在这黄色区域之中的"绿地"上,即阿克苏地区建在沙漠中的绿洲上。南部是塔里木盆地,有我国最大的沙漠塔克拉玛干沙漠,北部是天山,天山上的冰川清晰可见。将地图进一步放大,还可以看到河流、山地、植被、村镇、房屋、农田等地理事

[①] 2019 年 6 月发表于《华夏教师》。

物，添加道路图层还可以看到交通线，这些交通线连接着一个个城市和村镇，增加图片图层还可以看到当地的景观图。学生借助 Google Earth 软件可以观察到阿克苏地区的真实地理环境，增强了学生对该地区的感性认识，对学生进一步研究该地区有很大的帮助。

二、分析特征

Google Earth 与传统地理挂图相比具有更强的整体性和交互性。教师可以利用 Google Earth 软件添加图层和浏览地物等功能，向学生展示河流、地貌、土壤以及城市、交通等区位要素，学生在此基础上可以对该地区的这些要素进行分析，从而对该区域的自然、人文要素形成整体的认识和了解。比如，教师向学生展示阿克苏地区，学生可根据图中信息分析该地区气候干旱，阿克苏地区有河流流经，地处绿洲，属于冲积扇，绿色部分大多是农村地区的农田、牧场或是草地，山区还有林地等，人口、城市大多沿河流、沿交通线分布，区域内人口、城市、交通线非常稀少。基于 Google Earth 软件作为教学平台，学生更能直观地对各个地理要素进行分析，并且将这些要素联系起来，了解区域内的地理环境的整体性特点。

三、研究区域

1. 研究成因

我们对于已分析得到的某些地理要素的特征可以借助 Google Earth 软件进一步研究其成因。比如对于阿克苏地区，我们分析其地形之后会发现它是位于山麓冲积扇平原，北部为天山山脉，南部为塔里木盆地。正是由于深居内陆、地形封闭导致西北地区气候干旱，沙漠广布，由于大部分地区缺水，因此人烟稀少，只有在有水源的地区才会有人口和城市分布。该地区在不同的区域发展了相应的工业和农业，从图中还可以看到阿克苏地区有农场和林场的分布，图中还有一些矿坑区。根据图中信息，可以让学生思考区域内人口分布特点及原因，分析区域内的农业及工业的类型及其发展条件。放大地图，还可以观察到图中一个个风力和太阳能的发电站，教师可让学生进行分析。图中一些河流的某些河段水域面积比较大，让学生分析可能是什么原因，再让其分析产生的影响。通过 Google Earth 软件可以将各自然和人文地理要素的现象、特点和成因都分析到位，提高了学生的区域认知能力。

上述这些是 Google Earth 软件中 2016 年阿克苏地区的大致情况，我们还可以利用 Google Earth 软件的时间轴认识阿克苏地区 20 世纪的情况，可以了解几十年来阿克苏地区的地理环境变化过程，进一步分析其生态环境的变化及其原因，也正是利用 Google Earth 软件的这个功能可以进一步分析地理演变。

2. 研究变化

我们不仅可以分析研究较大区域的相关地理信息，还可以对某城市或乡村的城乡规划进行分析研究。比如在学习《城市化》这节课中，文字和材料很难直观地展示城市化的过程，但是我们通过 Google Earth 软件可以查看某城市的历史变迁，选取乡土地理"常熟"这个城市的地图，通过时间轴，我们可以发现常熟城的变化（图略）。

通过添加图层，我们可以更为直观地发现常熟城区面积的变化，学生从所展示的城市的发展演化认识到了城市化。教师还可以引导学生发现城市化所产生的一些影响。除此以外，教师还可以引导学生根据演变图进一步分析常熟交通运输线路的布局及变化，及其对城市聚落和商业网点的影响等。

除了城市、交通等的变化，根据 Google Earth 软件还可以引导学生发现其他要素的变化。比如城区面积扩大后绿地、农田减少了，交通线路增多也占用了绿地。将地图放大，可以发现 1984 年位于虞山南部的尚湖水域基本消失，这是当时围湖造田的结果，而 2017 年的地图中可发现在同一位置尚湖水域面积较为宽广，这是退田还湖的结果。从图中还可以发现如今虞山的森林覆盖率也明显要高于 1984 年的水平（图略）。

通过不同时间常熟城区的比较，学生可以全面地发现自然和人文地理要素都在发生变化。帮助学生理解，任何事物都不是一成不变的，从而塑造学生的科学发展观，培养学生正确的人地协调观。

四、地理评价

地理评价应该是多方面的，有地理位置的评价、区域特征的评价以及区域内人地关系的评价。要求学生对上述方面作地理评价，要求是比较高的。一般学生只是看到某一方面，而很难将问题看得全面。比如，以常熟为例，首先，分析评价其地理位置，可以引导学生从绝对位置（经纬度），及相对位置进行判断；其次，分析评价常熟在自然和人文方面的特点；再次，分析评价人类的生产活动对常熟自然、人文等方面产生的影响；最后，从整体分析上述这些现象对常熟的发展有什么意义。这个就是地理的整体性评价。教师在引导学生分析评价区域的时候还应强调辩证地看待问题，很多现象都有利弊关系，要提醒学生不能片面地看待。

区域认知能力是培养地理核心素养的基本思想和方法，我们需要从时间和空间的维度去发现问题和思考问题。正是基于 Google Earth 软件强大的功能，更有利于我们对学生的培养。上述的应用也只是普通地理教学中常用的部分功能，教师们可以对其深入研究，为学生的区域认知的进一步发展提供帮助。通过上述两个教学案例，我们可以发现使用 Google Earth 软件进行地理教学，不仅可以促进学生区域认知能力的提高，也对学生区域的分析研究和学生综合思维的培养起到了很大的作用，并且在分析区域变化的过程中也逐渐认识到了人地关系的变化，促进学生正确的人地协调观的形成。在教学过程中，教师也可以让学生来操作使用 Google Earth 软件，这也是对学生地理实践力的培养。因此，使用 Google Earth 软件能提升学生的区域认知能力，同时也有益于学生地理素养的提升。

参考文献：

［1］中华人民共和国教育部. 普通高中地理课程标准（2017年版）［M］. 北京：人民教育出版社，2017.

［2］丁生军. 区域认知素养的培养策略［J］. 中学地理教学参考，2016（09）：10-12.

［3］李亚. 我国地理核心素养的学习进阶研究——以区域认知研究为例［D］. 上海：华东师范大学，2016.

运用信息技术构建高中地理开放课堂[①]
——以"'一带一路'带来的区域发展"为例

【摘　要】《普通高中地理课程标准》（2017年版）中指出："信息技术的发展和应用是地理教学改革的助推器，对改变学生学习方式和教师教学方式，帮助学生享有公平而有质量的地理教育具有重要作用。"然而，目前信息技术的应用仍旧比较传统，若能借助希沃平台、STARC软件、Google Earth软件等，会使得学生的探究活动更加自由民主，地理课堂更具有开放性。

【关键词】信息技术　互联网　开放性

《普通高中地理课程标准》（2017年版）（以下简称《课程标准》）中指出："信息技术的发展和应用是地理教学改革的助推器，对改变学生学习方式和教师教学方式，帮助学生享有公平而有质量的地理教育具有重要作用。"目前教室多媒体设备主要借助于投影仪或是交互式电子白板，而在实际应用中，大部分教师仍借助简单的PPT课件，学生的研究、互动和评价方式仍是传统的、有限的。如果结合希沃平台或是STARC软件，那么课堂教学效果就完全不同了。

希沃白板是一款信息化在线教学平台，借助电脑或是电子白板即可实现网上多媒体教学。目前希沃白板不断改进优化，功能越来越丰富，支持云课件、素材加工、学科教学等多种功能，课堂互动性强。

STARC云端一体化教学环境是基于盘古课堂教学平台发展起来的。硬件主要包括电子双板、投影机和互联网计算机。平台有教师端和学生端，在互联网的环境下可通过交互服务器进行连接，从而实现课堂互动。

教师在教学过程中可构建开放性课堂。开放性课堂是一种与封闭性教学相对立的课堂教学模式，它是指在教师主导作用控制下，赋予学生最充分的自由、民主，学生以多种形式全面发展自我的教学方式。包括目标开放、内容相对开放、学习方法开放、思维开放、学习成果开放、学习环境开放、学习评价开放。开放性课堂对培养学生的创新意识、创新精神、实践能力和全面提高学生的核心素养有着明显的促进作用。

[①] 本文系江苏省重点资助课题"基于地理实践力培养的高中开放性课堂研究"的研究成果。（课题编号：C-a/2016/02/13）。
2020年1月发表于《江苏教育》。

教师在教学中，借助信息技术，通过互联网可以构建开放性课堂，丰富教学活动环节，强化学生思维训练，注重学生思维结构评价和表现性评价。

一、借助信息技术平台，增设开放性互动环节

在电脑上安装希沃平台可借助该平台制作课件，而在授课电脑上只需安装希沃平台，输入账号即能打开授课课件。在希沃平台上制作课件时有课堂互动一栏，该栏有五类，教师可根据自己教学的需要挑选互动选项。如在"'一带一路'带来的区域发展"中，教师在设计区分"一带"和"一路"沿线的国家或地区环节时，可选择"趣味分类"一栏，预设"一带"沿线的国家或地区，"一路"沿线的国家或地区，在授课时让学生将系统自动打乱的国家或地区进行归类，互动完成后可呈现答案。在评价交通运输条件时可选择"分组竞争"一栏，将评价交通的若干选项分别预设至正确栏和错误栏，在授课时可让两位学生上台在屏幕上点击正确选项，若点击错误选项则会扣分，互动完成后将呈现两位学生各自的成绩，最后教师可点击答案进行评价。通过课堂互动，不仅能够丰富教学活动，还能即时评价，提高了课堂效率。

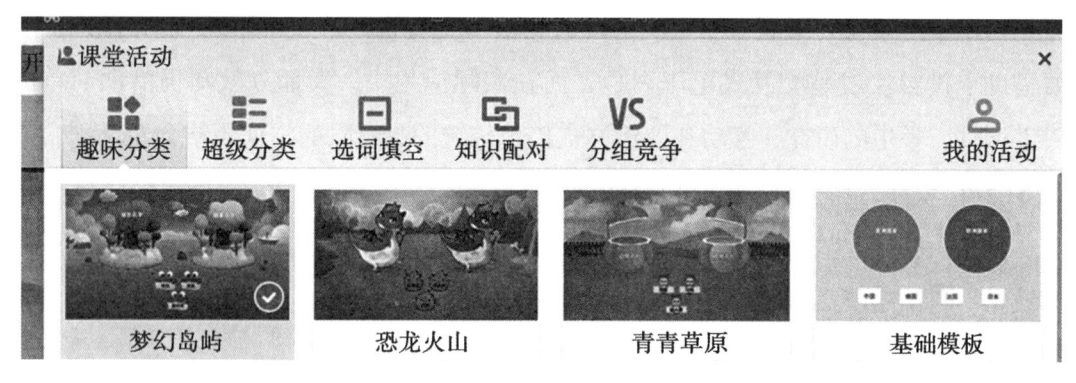

在希沃平台中还可应用"星球"一栏，在该栏中有太阳系中的太阳和八大行星。如在"'一带一路'带来的区域发展"中，可插入"地球"，然后让学生在图中找出"一带一路"沿线所经过的几个大洲。优点是该地图可以点击拖动全方位观测，学生操作简单并且直观，缺点是不能像 Google Earth 那样放大数倍仍旧清晰。但是该应用十分符合地理教学内容，若点击地球属性，还能显示清晰的地球板块、自然带、洋流、等压线等图片，满足平时的地理教学。

希沃平台的使用，丰富了课堂的活动，加强了师生互动、生生互动，使得互动环节的形式更加多样，更加开放。

二、设计案例教学环节，开展开放性探究活动

《课程标准》要求重视问题式教学，加强地理实践。结合案例，借助信息技术，整合相关地理信息，引导学生开展合作探究活动。

在"'一带一路'带来的区域发展"教学中，教师预设有哈萨克斯坦、巴基斯坦、白俄罗斯、埃及等几个国家的案例资料，布置任务群，学生可选择任务，进行分组讨论，根据提示信息开展区域信息、区域联系及区域发展的研究。

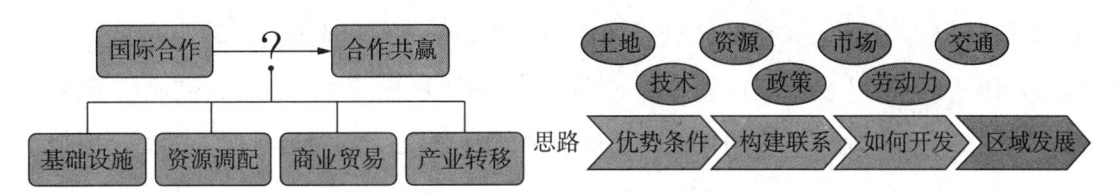

```
国际合作 ─?→ 合作共赢              土地  资源  市场  交通
    │                             技术  政策  劳动力
┌───┼───┬───┐          思路 优势条件→构建联系→如何开发→区域发展
基础设施 资源调配 商业贸易 产业转移
```

如有学生选择中哈的资源调配，做出了以下研究任务。学生通过小组合作探究，完成研究任务，并将研究成果通过多屏展示，上台演讲，阐述研究成果。

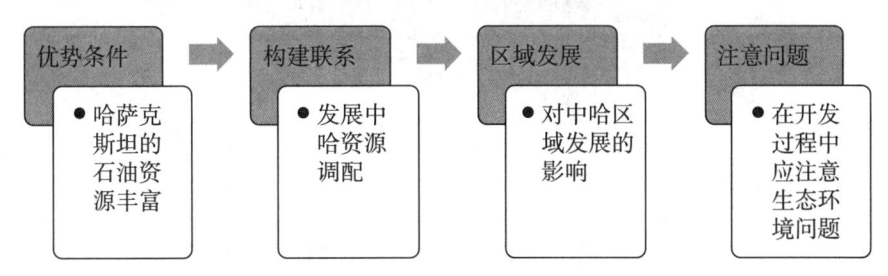

```
优势条件 → 构建联系 → 区域发展 → 注意问题
• 哈萨克    • 发展中    • 对中哈区   • 在开发
  斯坦的      哈资源      域发展的     过程中
  石油资      调配        影响         应注意
  源丰富                               生态环
                                      境问题
```

在学生小组合作探究过程中，学生还可根据自己的需要，在 STARC 平台进行所需资料的查询。如有学生借助 Google Earth 软件查询中巴公路、中巴铁路在建设中所遇到的困难。在软件中，学生可以发现这些基础设施在建设中需要跨越高山、高原、冰川等，地形地质情况极为复杂，并会伴有雪崩、山体滑坡、落石、塌方、积雪、积冰等地质灾害。因此借助信息技术，学生能够近距离观察，深刻认识中巴公路、铁路建设中的困难。不仅如此，学生通过软件还发现瓜达尔港地理位置的重要性，了解到它不仅是中巴铁路的出海口，实现海陆联运，而且与中东地区十分接近，大大缩短了石油运输的距离，摆脱马六甲困局。

在教学中，教师鼓励学生自由选择研究区域，有小组学生选择他所了解的冰上丝绸之路。因为教师课前并未预设，学生们可借助互联网查询相关资料，开展小组合作讨论，整理归纳，最后顺利完成任务。但是在开发的可行性中，小组内部出现意见分歧。开放性的问题，通过合作讨论获得了开放性的答案。

借助信息技术，预设问题式探究，如真实问题、开放问题，或尚无答案的问题开展地理实践活动，构建探究思路框架，学生综合认识自然—经济—社会—生态之间的相互作用和协调关系，体验自主思考探究的过程。基于互联网的开放性，学生能够有机会学习辨识信息、评价信息、训练逻辑性思维和批判性思维，从而关注更多大范围的地理事物、现象和问题，拓展他们的视野。

三、开展交互式学习，实现开放性评价

传统的评价主要是学生答题、教师评价，或是学生相互评价，而借助希沃平台的课堂互动即刻给出学生成绩。若借助 STARC 软件，评价方式更加多样化。STARC 具有双屏甚至多屏功能。如在要求学生画出"一带一路"线路环节时，教师可将大屏区域图片传至学生手上的平板电脑，要求学生在平板上画出相关的线路，完成后可将截屏上传回大屏，教师可打开图片进行评价。多屏的优势，使得原有课件正常使用的同时，教师可打开多张图片对学生们的生成进行即时、有针对的评价。截屏上传或是学案拍照上传，均能实现。

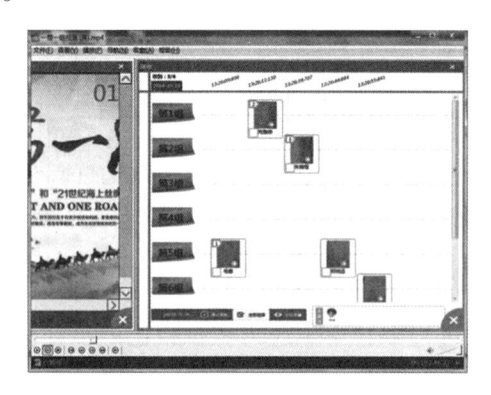

除此以外，STARC 另一强大的评价功能体现在对学生作答选择题的评价。将题目通过大屏展示给学生之后，教师将选项发送给学生，学生平板上显示 ABCD 选项，学生根据题目进行选择，然后上传答案。每个学生的答案可清楚地显示在大屏幕上，教师可点击"数据统计"分析学生作答情况。通过大数据的统计分析，学生对每个题目、每个选项的作答情况都可以以柱状图的形式统计出来，使得教师对学生的生成有了更深刻、广泛的了解，评价内容也更为细致和准确，大大提高了评价的效率。

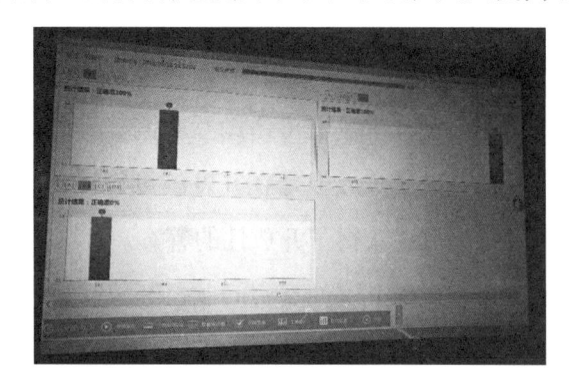

借助移动设备和网络平台，开展交互式学习。一方面，学生通过自己动手绘图，在"失误"中学习地理知识，强化了师生互动和生生互动；另一方面，借助信息技术的大数据，教师及时获得学生学习的更多信息，使得评价更为合理。

《课程标准》要求，地理学科核心素养的培养需要重视学生地理学习过程中的思维发展，因此，对学生思维结构的评价也十分重要。有小组合作研究新疆发展边境贸易案例，在分析新疆出口水果至哈萨克斯坦的区位优势条件时，不同的学生给出了不同的答案，借助信息技术，将各位学生的答案多屏展示。

学生回答	学习结果反映思维结构
学生1：新疆有独特的优势条件。	无结构：无法分析新疆的优势条件。
学生2：气候条件优越。	单一结构：只提到了气候条件，但无法具体说明气候条件如何。
学生3：气候条件优越，光照充足，昼夜温差大；新疆与哈萨克斯坦较近；交通便利，保鲜冷藏技术好；拥有自然优势和产业优势。	介于多点与关联结构之间：提到了气候、地理位置、交通、技术等因素，但是各因素相对独立。
学生4：气候条件优越；中哈距离较近；交通便利；保鲜冷藏技术良好；政府定期开展特色水果年会，图中可看出机械化水平高；哈萨克斯坦的自然条件并不优越。	关联结构：学生不仅能够分析新疆的气候、地理位置、交通、技术、政策、机械化水平等，还分析了哈萨克斯坦的不利条件，进一步说明了新疆生产的优势以及哈萨克斯坦的劣势，进而推导出新疆出口水果至哈萨克斯坦的区位条件。

借助信息技术，将多位学生的生成即时展示，避免了传统教学中只关注个体生成，而忽视了集体的生成；避免了教学知识点的"碎片化"现象，关注学生对地理问题的完整性认识的过程。

借助信息技术，开展小组合作讨论也可以关注学生表现性评价。如可在白俄罗斯建立中白工业园区案例环节中预设任务群，让学生可以扮演不同角色完成任务：

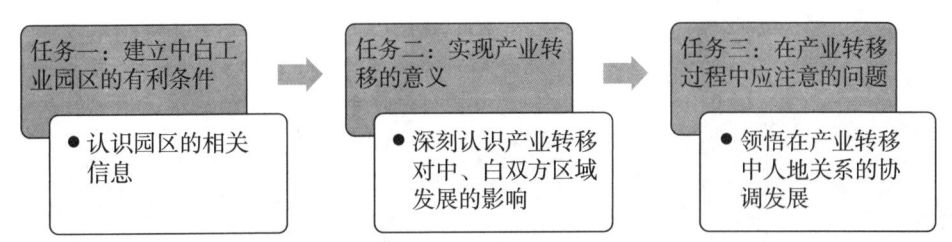

任务一：建立中白工业园区的有利条件
- 认识园区的相关信息

任务二：实现产业转移的意义
- 深刻认识产业转移对中、白双方区域发展的影响

任务三：在产业转移过程中应注意的问题
- 领悟在产业转移中人地关系的协调发展

通过这样的教学环节设计，让学生挑战能否从纷繁复杂的信息中选取与主题相关的信息，判断学生对问题本质的理解。以任务一为例：

搜集信息表现评价量规

分值	表现
1 分	能搜集白俄罗斯的相关信息。
2 分	能搜集白俄罗斯建立中白工业园区的相关信息，但信息量不足。
3 分	能搜集白俄罗斯建立中白工业园区的相关信息以及中国的相关信息，包括地图信息，但信息过剩。
4 分	能搜集白俄罗斯建立中白工业园区的相关信息以及中国的相关信息，包括地图信息，信息合理。

分组活动、角色扮演等教学环节，真实反应了学生对信息的获得、取舍、整合以及学生的学习能力，学生真实的学习活动被记录下来，成为评价学生的重要依据。借助信息技术的各类评价方式，使得评价更加具有针对性和开放性。

教师借助大数据、人工智能、"互联网+"等信息技术，可为学生构建自主探究、合作学习的开放性平台，加强师生互动、生生互动，同时还可提供即时有效且有针对性的评价，使得教师教学方式更加开放，学生学习方式更加自由。

参考文献：

[1] 中华人民共和国教育部.普通高中地理课程标准（2017年版）[M].北京：人民教育出版社，2017.

第四节 地理教学评价

高中地理课程地理实践力评价体系研究与实践[①]

【摘　要】 地理实践力是高中地理学科四大核心素养之一。调查显示，新《课程标准》实施以来，高中地理实践活动推进困难，并且难以形成有效的评价体系。笔者结合新《课程标准》，通过多校走访、师生调研，从一般学校的条件等多方因素考虑，制定简单、易操作的评价体系，初步形成适宜大多数学校师生参考、应用的评价方式，以有效推进高中地理实践力的培养进程。

【关键词】 地理实践力　地理实践力评价

地理实践力是指人们在地理考察、实验和调查等地理实践活动中所具备的意志品质和行动能力。而地理实践力评价是指学生在开展地理实践活动过程中，评价者依据一定的评价项目，遵循一定的评价标准，运用定性与定量相结合的评价方法，对学生的地理实践力水平和层次进行分析判断的过程。

地理实践力是高中地理四大核心素养之一。高中地理课程实施地理实践力测评一方面是新《课程标准》的明确要求，符合地理核心素养的培养，另一方面也是开展地理实践活动的保障和归宿。新《课程标准》实施以来，笔者走访江苏省12所学校，访问了38位地理教师，对1486名学生开展了问卷调查，其中有24.3%的学生认为地理课经常开展地理实践活动，有52.5%的学生认为地理课偶尔开展地理实践活动，有19.9%的学生认为从不开展地理实践活动。调查发现，由于学校自身条件、教学方式方法、高考压力等多种原因，高中地理实践活动推进困难，且由于评价体系缺失，评价标准不够明确、难以量化，或者评价体系过于复杂，地理实践活动难以在高中推广。因此，笔者认为，结合新《课程标准》，从一般学校的条件等多方因素考虑，制定简单、易操作的评价体系，成为当务之需。

一、梳理高中地理实践力测评要素

地理实践活动的形式多种多样。根据新《课程标准》，地理实践力包括地理考察、实验和调查能力，另外，课堂讨论、合作探究、地理制作、仪器操作等也都属于地理

[①] 本文系江苏省重点资助课题《基于地理实践力培养的高中开放性课堂研究》的研究成果。（课题编号：C-a/2016/02/13）
2019年11月发表于《教育研究与评论》，2020年4月《人大复印资料》全文转载。

实践力的范畴。《课程标准》只提供了一种笼统的分类方向，还不具备具体的指导与评价的功能。作为地理教师需要结合课堂实际情况、相关的地理教学内容，以及学生地理实践活动场所多元化等因素，将地理实践力的评价要素进一步细化，制定具体的、具有操作性的地理实践力评价的要素表。

表 1　高中地理实践力要素表

地理实践力	地理实践力要素		参考内容	对应课标要求
地理观测能力	天象观测		观察星空、星座、北极星、月相	选修1.1在星空、天球仪上认识主要星座，辨认四季星空的主要星座，说出一些星座的地理导向意义。 选修1.6观察并描述月相、月食、日食、潮汐等现象，并运用图表等资料解释其成因。
	气象观测		测量气温、降水量、蒸发量	选择性必修1要求学生能够利用地理工具结合地球运动、自然环境要素的物质运动和能量交换，以及自然地理基本国策，分析现实世界的一些自然现象、过程及其对人类活动的影响。
	物候观测		农作物生长、花卉、生物	
	地理测定		测量正午太阳高度角、测量学校经纬度	
	野外考察	地质考察	野外观察地质构造、地貌景观、辨认岩石种类	必修1.1通过野外观察或运用视频、图像，识别3—4种地貌，描述其景观的主要特点。
		水文考察	测河流含沙量、流速等	必修1要求学生具备一定的运用、考察、实验、调查等方式进行科学探究的意识和能力。
		土壤测定	辨认土壤类型	1.9通过野外观察或运用土壤标本，说明土壤的主要形成因素。
		生物观测	植被辨认、动物辨认	1.10通过野外观察或运用视频、图像，识别主要植被，说明其与自然环境的关系。

(续表)

地理实践力	地理实践力要素		参考内容	对应课标要求
地理调查能力	地理现象调查		本地昼夜变化情况	必修1要求学生具备一定的运用、考察、实验、调查等方式进行科学探究的意识和能力。
	资源调查		对本地区进行资源调查	
	地理环境调查	大气监测	使用检测仪进行大气检测	选修4要求鼓励学生走访调研,如调查学习附近农田农药、地膜、化肥的使用,以及垃圾分类情况;采集土样,分析土壤污染情况。采集河流水样,测试水污染状况,提出水资源保护方案,以及检测大气污染等。
		水质监测	使用检测仪进行水质检测	
		土壤监测	使用检测仪进行土壤检测	
		生物监测	观察校内生物多样性变化	
	城市社区调查		城市规划、交通规划等	选修6要求,注重组织学生收集资料,进行案例分析,开展专题探究等,培养学生的学习兴趣。可以运用相关资料,开展城乡规划的模拟活动,让学生以规划中的身份,提交规划方案,开展比较评价。组织学生问卷调查,撰写调查报告。
	社会访问		调查某地区工业、农业生产	
地理实验能力	验证性实验和探究性实验	天体运动实验	三球仪实验	选择性必修1要求学生能够运用现代地理信息技术、模拟实验、野外考察等方法提高学生解释地理事物和现象与认识自然环境的能力。
		大气运动实验	热力环流	
		水的实验	模拟洋流	
		地质作用实验	模拟流水作用	
		生物实验	模拟植被的保持水土能力	
		土壤实验	测量土壤中的腐殖质	

(续表)

地理实践力	地理实践力要素	参考内容	对应课标要求
地理制作能力	绘制地理图表能力	根据材料绘制图表	选择性必修1.6绘制示意图，解释各类陆地水体之间的相互关系。 选修9.4观察某地区地质、地貌、植被、土地利用方式等景观要素，绘制示意图及剖面图。
	地理仪器制作	自制月相变化模型	选修1要求学生能够制作简单的天文模型。
操作地理仪器能力	天体系统模型操作	望远镜操作	选修1.2了解天文学工具。
	3S技术使用	全球定位系统使用	选修8地理信息技术应用。 选修9.2运用地理工具在野外进行定向、定位，并获取野外地理信息。
	气象观测仪器使用	各类气象观测仪器使用	必修1要求学生学习之后能够运用地理工具观察、识别、描述与地貌、大气、水、土壤、植被等有关的自然现象。
	环境监测仪器使用	各类环境监测仪器使用	

学校可根据实际情况有选择性地开展某项地理实践活动。例如，若校园附近有山地，可以带领学生户外实践；若学校有地理课程基地，可带领学生开展地理实践活动（如天文观测等）。

二、制定地理实践力评价标准

根据新《普通高中地理课程标准（2017年版）解读》给出的地理实践力的评价要求及考查的维度，再结合学校、学生等实际情况，在完成高中地理实践力要素表的基础上，笔者进一步细化地理实践力的评价量表，制定出以下在实际活动中可对照参考的地理实践力水平评分标准。考查者可重点关注学生某一方面的地理实践力表现情况，再给予评分。（如表2）

表 2　地理实践力水平评分表

地理实践力的主要关注内容			评分
搜集和处理信息能力	1. 搜集和处理地理信息所应用的方法	是否能够从多方面获取海量信息并且能筛选及快速检索，使其成为有效信息。	
	2. 信息意识	能否从复杂的现实世界中发现地理信息，并进一步取舍、概括、分类等。	
	3. 问题意识	能否提出质疑、批判，唤起好奇心和想象力并产生创意。	
设计地理实践活动方案能力	4. 合作态度	能否以团队的形式顺利完成任务，是否能团结协作，与他人交流分享。	
	5. 设计创意	能否从问题出发设计地理实践活动方案，有目标、有步骤，并且方案切实可行。	
	6. 工具使用	是否会选择合适的地理工具，尤其是选择合适的地理信息技术，分析、判断地理问题，寻找解决方案。	
实施地理实践活动的能力	7. 实施活动	能否根据设计方案实地操作完成地理实践活动。	
	8. 体验和反思	能否在实践活动完成后的总结性思考或是进一步思考中，弥补弊端，以备下一步行动。	
9. 是否顺利完成地理实践活动任务			
总分			

考查一共有九个维度，每个维度都可以参考新《课程标准》中的地理实践力水平划分标准评分：水平1（1分）、水平2（2分），水平3（3分），水平4（4分）进行评分，是否顺利完成地理实践活动任务（4分），再取总分。然后再根据下表（表3）评判其地理实践力水平的等级。这需要在使用中进一步修改完善。

表 3　地理实践力水平等级表

水平1（较差）	水平2（中等）	水平3（良好）	水平4（优秀）
1—9 分	10—18 分	19—27 分	28—36 分

地理实践力作为地理学科的核心素养之一，既内化为隐性的素质，又外显为具体的行为；既是一种意识、态度和品质，又是一种表现、能力和行为。开展某项地理实践活动时，根据上述评价体系，可测评学生对该项地理实践活动表现出来的大致的地理实践力水平。

此评价体系的构建基于理论和实践的基础，由于笔者研究水平有限，使得量表的构建存在一定局限性：①各级指标无法涵盖地理实践力素养的所有表现；②各项指标设置比较粗糙，未体现各项指标的权重差异；③评价实施的过程中，受到评价者的主观因素影响较大，其效度存在一定局限性。

三、案例分析

《普通高中2018级学生课程调整方案》要求必修1、必修2安排20节以上地理实践课，在选择性必修1和选择性必修2中也是如此，而自然地理中要求开设的地理实践课尤其多，因此如何开展地理实践活动课，以及如何评价学生地理实践力也就显得尤为重要了。在新课标中新增了选修课程"月相"等教学内容。课标要求"观察并描述月相、月食、日食、潮汐等现象，并运用图表等资料解释其成因"。月相的观察适用于地理实践活动课程的开设。下面就以学生开展"月相"地理实践活动为例，来说明地理实践力评价体系的应用。

1. 评价内容

根据"月相"内容特点，从地理实践力要素表中提出需要考查的能力，即学生的地理观察能力、学生的活动设计能力、信息搜集能力，以及实施活动和反思能力。

2. 活动要求

表4 观察月相

实践活动内容	观察月相	
课标要求	观察并描述月相等现象，并用图表等资料解释其成因。	
参与活动人员	4—6人一组。	
实践地点与时间	地点：学校操场、天文馆	时间：农历初一至三十
活动目的	1. 观察一个农历月中月相的变化规律； 2. 月相发生变化的原因； 3. 月相变化产生的影响。	
活动主要器材	1. 借助天文馆；2. 资料查询；3. 纸笔等绘图记录。	

(续表)

实践活动内容	观察月相
活动步骤与任务	1. 学生自主设计活动方案。 2. 绘制月相图。 3. 能够用语言和图片描述月相变化过程。分析成因时，重点能够把握日、地、月三者的位置关系。 4. 学生可多方面获取相关信息资料，开展研究性学习，为进一步研究月相提供帮助。

3. 开展评价活动

提出地理实践活动要求之后，班级学生纷纷开展小组合作，笔者重点关注了两组学生 M 组和 N 组。M 组学生选择以每日观察月相为主，再搜集资料完成活动内容；而 N 组学生则相反，他们先搜集相关资料，然后有选择地观察月相。两个小组均在一个月后基本完成任务。由于学生组成有所差异，思考过程和实施任务的方法有所不同，因此在方案的实施过程中，这两组学生的问题意识的倾向有明显的差异：

由于 M 组学生选择先观察后搜集资料，因此他们的问题意识主要是在研究"月相为什么会有明显的变化"。

表 5 M 组学生关于"月相为什么会有明显的变化"的原因

学生 M1	统计记录
学生 M2	分析研究
学生 M3	取决于日、地、月三者的位置关系
学生 M4	进而归纳出月相形成的规律

而 N 组学生先搜集资料，之后选择观察时间，因此他们则更关心的是"我们应该选择什么时候观察月相"。

表 6 N 组学生关于"我们应该选择什么时候观察月相"

学生 N1	农历初一、三十不用观察
学生 N2	农历上半夜观察上弦月
学生 N3	农历十五可在傍晚到第二天凌晨观察
学生 N4	农历下半月观察下弦月

由于两组学生在研究过程中的方式和方法有所不同，因此所遇的困难和所得结果也是有差异的。M 组学生采用的是归纳法，通过每天观察月相并记录月相变化的过

程，进一步归纳出月相的变化规律。通过归纳法，同学们能够亲身观察实践月相变化，不断概括、总结和求证，然后推出一般规律。但缺点是有时候由于某些原因无法观察到月相（如阴雨天等），而无法做记录，因此还需要后期资料的查证，再总结月相变化的规律。而 N 组采用的是演绎法，通过理论研究来指导观察月相的时间和方法，进一步验证月相规律。该种方法会比 M 组同学的方法更加灵活、机动，但是也会导致观察的次数大大减少，并且由于某些推断失误影响观察进度，进而降低了观察月相的真正意义。通过上述的月相观察活动，笔者根据《地理实践力水平评分表》中的九个维度，给两组学生的得分分别是：

表7

M 组学生	得分										N 组学生	得分									
	1	2	3	4	5	6	7	8	9	合		1	2	3	4	5	6	7	8	9	合
M1	2	2	2	2	2	1	1	2	2	16	N1	3	2	2	3	2	3	3	2	3	23
M2	2	2	2	2	1	1	1	2	2	15	N2	2	2	1	2	3	2	2	2	2	18
M3	2	1	1	1	0	0	1	0	1	7	N3	1	1	0	1	0	0	1	1	1	6
M4	2	2	1	1	1	1	1	1	1	11	N4	2	3	1	2	2	1	1	2	2	16
M5	2	2	2	2	2	2	2	3	3	20	N5	2	1	0	1	1	0	2	1	2	10

从上述评价得分来看，学生的地理实践力优秀率为 0，良好率仅为 20%，但就全年级而言，良好率还要更低，仅为 14.11%，大部分学生处于中等或以下水平。由此可得出，高中生的地理实践力的总体水平还是比较低的。尤其在地理实践活动方案设计及实施环节中，许多学生呈现手足无措的状态，并且在实践活动中遇到问题第一反应不是思考，而是找寻求网络帮助。因此，在今后的地理实践活动开展过程中，应强化活动设计和参与实施活动的过程。而在地理实践活动中，学生表现比较良好的就是信息的搜集和处理能力，学生们能在海量信息中通过筛选和取舍，选择自己所需要的信息，并应用于地理实践活动中。在总结和反思中，学生的表现差异依旧明显，虽然大部分学生能基本完成任务，理清地理原理或规律，但是还有不少学生未能完成任务，或者处于似懂非懂的状态。因此，教师不仅要关注学生地理实践活动的过程，更应关注活动的结果。而针对活动中的缺失或不足之处，教师应做好指导和弥补工作。

地理学是一门实践性很强的学科，尽管随着地理信息技术的不断进步，大大提高了野外考察、研究的速度和精度，但是考察、实验和调查还是不可替代的。而在这些行动中又表现出行为能力和意志品质，很多课堂教学难以实现，因此地理实践力的提升需要师生不断地共同努力，通过创设真实情境，拓宽课堂形式，让学生不断得到训练和强化，并且要通过合理的评价体系，扎实地、可操作地落到实处，使地理实践力真正"落地"。

参考文献：

[1] 中华人民共和国教育部.普通高中地理课程标准（2017年版）[M].北京：人民教育出版社，2017.

[2] 韦志榕，朱翔.普通高中地理课程标准（2017年版）解读[M].北京：高等教育出版社，2018.

[3] 吴芸.高中生地理实践力评价研究[D].武汉：华中师范大学城市与环境科学学院，2018.

[4] 赵玉.高中生地理实践力评价方案研究[D].南京：南京师范大学教师教育学院，2017.

基于跨界课堂真实情境下的学生跨学科素养分级评价[①]

【摘　要】　当下，核心素养成为我国基础教育的热点，核心素养包括学科素养与跨学科素养两部分。在跨界课堂中，设置真实情境，不仅可以培养学生的学科素养，也能培养学生的跨学科素养。通过制定跨学科素养的分级评价体系，可以将学生的跨学科素养水平实现量化，有助于更好地培养和提升学生的跨学科素养。

【关键词】　跨界课堂　真实情境　跨学科素养

跨界课堂主要是体现在学科的跨界上，即以某一学科为中心，打破学科之间的界限，实现学科知识尽可能地相互交融、彼此支撑，有目的、有计划地进行教学设计和组织教学的一种课堂模式。当下，核心素养成为我国基础教育的热点，核心素养包括学科素养与跨学科素养两部分，但跨学科素养与学科素养不能截然分开，因为跨学科素养也包括了学科素养中的共通部分以及对学科素养的融通能力。跨界课堂的实施有利于学生学科素养和跨学科素养的培养和提升。

一、跨学科素养的组成

2016年9月《中国学生发展核心素养》总体框架中提出，核心素养是指"学生在接受相应学段的教育过程中逐步形成起来的适应个人终身发展与社会发展的人格品质与关键能力"。共分为文化基础、自主发展、社会参与3个方面，综合表现为人文底蕴、科学精神、学会学习、健康生活、责任担当、实践创新6大素养，具体细化为国家认同等18个基本要点。跨学科素养包括两大部分：一是学科融通能力，即学生在应对现实复杂问题时能够灵活串通、调动各学科素养的能力。二是高中各学科素养之外的（或共有的）高中生所必备的支撑终身发展、适应时代要求的关键能力和必备品格。其中关键能力包括认知能力与创新能力两大类。认知能力是学生成功完成活动最重要的素养，包括独立思考、逻辑推理、信息加工、理性思维、语言表达等基本素养，创新能力是创造性解决问题的关键，是学生不断发展进步的灵魂和动力，它包括创新思维、批判质疑、勇于探究、合作意识、问题解决等基本素养。必备品格包括人文情怀、科学精神、国家认同、国际理解、社会责任、审美情趣等基本素养（归入大情

[①] 本文系江苏省教育科学"十三五"规划2016年度重点资助课题"基于地理实践力培养的高中开放性课堂研究"的研究成果。（课题编号：C-a/2016/02/13）
2020年4月发表于《中学教学参考》。

怀)。因此，高中生跨学科素养包括学科融通能力、关键能力和必备品格三部分。

表1 学科素养和跨学科素养

核心素养	文化基础	人文底蕴	人文积淀、人文情怀、审美情趣
		科学精神	理性思维、批判质疑、用于探究
	自主发展	学会学习	乐学善学、勤于反思、信息意识
		健康生活	真爱生命、健全人格、自我管理
	社会参与	责任担当	社会责任、国家认同、国际理解
		实践创新	劳动意识、问题解决、技术应用
跨学科素养	关键能力	学科融通能力	
		认知能力	独立思考、逻辑推理、信息加工、理性思维、语言表达
		创新能力	创新思维、批判质疑、勇于探究、合作意识、问题解决
	必备品格	大情怀	人文情怀、科学精神、国家认同、国际理解、社会责任、审美情趣

目前高中分科教学的现状，若没有有意识、及时介入的教育引导，学生获得的将是孤立的学科知识，掌握的是机械的学科能力，这种孤立的学科知识和能力是一种"离开学校就会忘记的东西"。爱因斯坦说："教育就是当一个人把在学校所学全部忘光之后剩下的东西。"爱因斯坦把这剩下的东西归为"神圣的好奇心"和"内在的自由"，即探究未知事物的强烈兴趣和独立的思考，这和跨学科素养中的"勇于探究""独立思考""科学精神"等素养非常契合。

二、真实情境的设置

真实情境的创设是有效落实核心素养，开展跨界课堂的载体。所谓真实情境，是指学生面对的或即将面对的实际存在的事物、事象或社会、时代热点，它往往具有复杂性、综合性和跨学科的特点。主要包括已经出现的或是将会出现的事件、现象、事物、社会热点等。苏联著名教育家苏霍姆林斯基在他的教学改革实验中提出，他会经常把学生带到大自然中，让他们观察、体验、感受大自然的美，培养学生的观察力、探究能力和创造能力。法国教育家卢梭在其著名的教育论著《爱弥尔》中就记载了情境教学的实例：为了让爱弥尔学会辨别方向，教师把他带到大森林里，由他自己辨别方向。虽然大多数的教学活动无法真正地在大自然环境中展开，但是教师们可以在生活中寻找丰富的教学素材，选取某个角度，在课堂上依托多种方法和手段，创设真实情境，逐步引导学生，开展跨界课堂的教学（图1）。

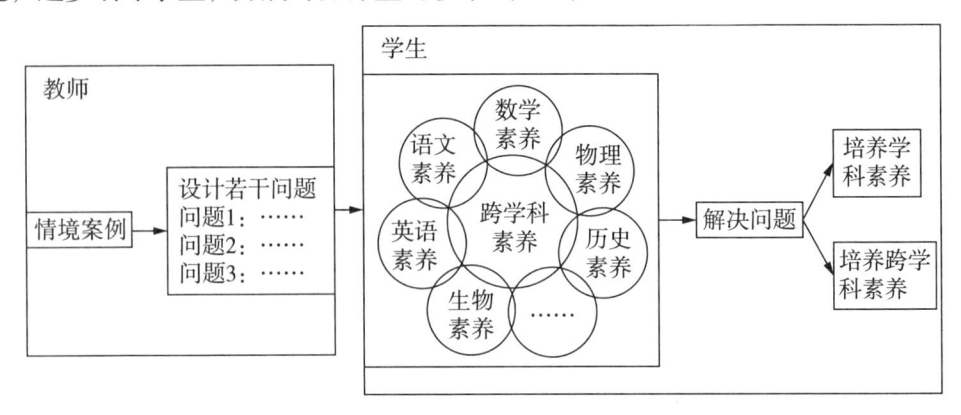

图1 构建跨界课堂流程图

表2 真实情境分类

类别		举例	
		案例	所跨学科
真实情境	社会热点：当今社会或国际上刚刚发生或是正在发生的事件	新冠疫情	医学、生物、经济、政治、地理、信息技术、统计学
	时代热点：具有时代意义的事件或决议	"一带一路"	政治、经济、地理、交通
	真实现象：社会或国际上实际存在的事件或活动	世界气候大会	地理、大气、政治、经济、医学、物理、生物、英语
	艺术：对一些文学、美术、音乐研究与欣赏	洛神赋	语文、美术
	自然：对一些自然现象的分析研究	中国历史时期气候变化	历史、气候、生物、经济
	科学：对一些科学原理和规律的分析研究	达尔文与《物种起源》	语文、生物、历史
	个人行为：对于某次个人活动的分析研究	游览罗马万神庙	地理、数学、建筑、美术、旅游、历史、物理、宗教

为了能够正常开展跨界课堂，在创设真实情境的同时，还应该制定合理的分级评价。跨学科素养和学科素养的内涵并不一致，因此不能完全照搬核心素养的评价方式。为了在关注学科素养的同时，能够更加关注学生解决真实、复杂问题的能力，关注学生整体解决问题的能力，关注学生的学科融通能力，关注学生在学习、实践过程中的

行为表现及相应的态度、精神、意志等跨学科素养，教师应在课堂上注重过程性评价和表现性评价，即时打分测评，给予量化，并设置权重进行科学评价，打造全新的跨学科素养评价新样态。

三、分级评价体系的确定

1. 创设情境确定权重

跨界课堂中的情境创设是影响学生跨学科素养培养的关键，不同的情境教学采用同一种跨学科素养的测评标准显然是不合理的，因此要对教师创设的系列情境课例根据其复杂程度、跨学科程度和跨学科素养覆盖程度进行评分，并且需要根据这三项指标的重要程度设置权重（参考表3）。

表3 跨界课堂真实情境权重设置

分类	权重	赋分（易→难）		
情境复杂程度	0.3	单一、静止（0—2分）	变化、复杂（2—4分）	多元化（4—6分）
跨学科程度	0.25	2类学科为主（0—2分）	3类学科为主（2—4分）	4类及以上学科（4—6分）
素养覆盖程度	0.45	单一的学科融通能力（0—2分）	学科融通能力、认知能力和创新能力（2—4分）	学科融通能力、认知能力、创新能力和大情怀（4—6分）

推导出公式 $P_i = \dfrac{X_i}{\sum\limits_{i=1}^{n} X_i}$，$P_i$ 表示某一系列课例中的某一节跨学科课例的权重。基于某一节跨学科课例，按照上表进行评分之后再乘以各项指标的自权重，再将三项得分相加，得出原始得分 X_i，再代入上面公式，n 为课例数，得出该节课真实情境权重 P_i。P_i 的高低不仅说明了某一节课真实情境的设置情况，也会影响到学生跨学科素养的综合得分。P_i 较高则说明该节课的上述三项指标的综合得分较高，表示设置情境可能比较复杂、多变，甚至多元化，所跨学科的数量比较多，涵盖的跨学科素养比较广泛，因此培养学生的跨学科素养比较丰富，学生的跨学科素养有可能得分较高；但也可能会出现由于情境设置复杂程度较高，对学生的要求较高，学生的反馈相对比较困难，可能会出现跨学科素养得分较低的情况。

2. 跨学科素养的测评

表4　跨学科素养评分表

跨学科素养分类			分值		
^	^	^	差（0—1分）	中（1—2分）	优（2—3分）
学科融通能力（0.2）					
关键能力（0.5）	认知能力	独立思考、逻辑推理、信息加工、理性思维、语言表达			
^	创新能力	创新思维、批判质疑、勇于探究、合作意识、问题解决			
必备品格（0.3）	大情怀	人文情怀、科学精神、国家认同、国际理解、社会责任、审美情趣			

跨学科素养共分为17项，每项分值在0—3分之间，根据学生课上的反应情况进行打分，结合各项权重，计算得出三项分值，再相加得到总分 Y_i。某一节课中，学生跨学科素养的得分是 $Z_i = P_i Y_i$。在一系列跨学科课例中，学生跨学科素养的最终得分是 $K_i = \sum_{i=1}^{n} Z_i$。

注：①在开展跨学科素养分级评价时，为了针对不同情境下的跨界课堂，需开展一节以上的系列课程，如果只针对一节课，那么无需计算 P_i 值。

②尽可能多地参与跨界课堂真实情境评分，由此设置的权重更科学。

③尽可能多地参与学生跨学科素养评分，可通过取平均值得出最后的总分。

④尽可能多地安排一系列跨界课堂，设置多种类型情境，学生的跨学科素养得分更精确。

表5　学生跨学科素养等级评价表

	C级（不合格）	B级（合格）	A级（优秀）
单节课 Y_i	0—7分	7—14分	14—21分
多节课 $K_i = \sum_{i=1}^{n} Z_i$	0—7分	7—14分	14—21分

注：如果是单节课，可直接按照表 4 计算出 Y_i 与表 5 中的第一栏（单节课）数据比对得出等级；如果是多节课，将学生的多节课的 Z_i 相加，得出 K_i 与第二栏（多节课）数据比对，得出等级。

四、课例分析

【课例 1】

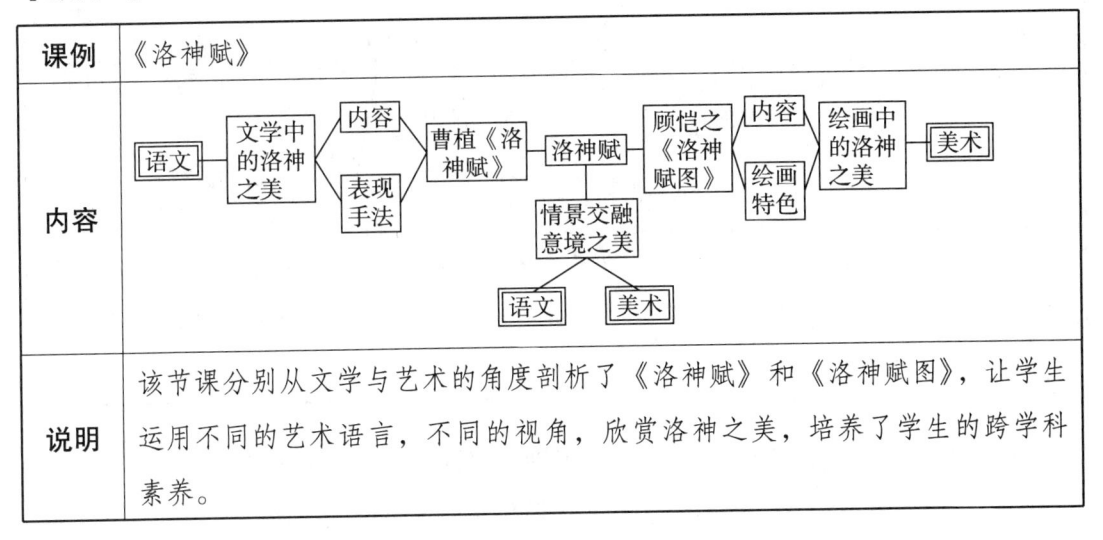

课例	《洛神赋》
内容	（结构图：语文 → 文学中的洛神之美 → 内容/表现手法 → 曹植《洛神赋》 → 洛神赋 → 顾恺之《洛神赋图》 → 内容/绘画特色 → 绘画中的洛神之美 → 美术；情景交融意境之美 ← 语文、美术）
说明	该节课分别从文学与艺术的角度剖析了《洛神赋》和《洛神赋图》，让学生运用不同的艺术语言，不同的视角，欣赏洛神之美，培养了学生的跨学科素养。

【课例 2】

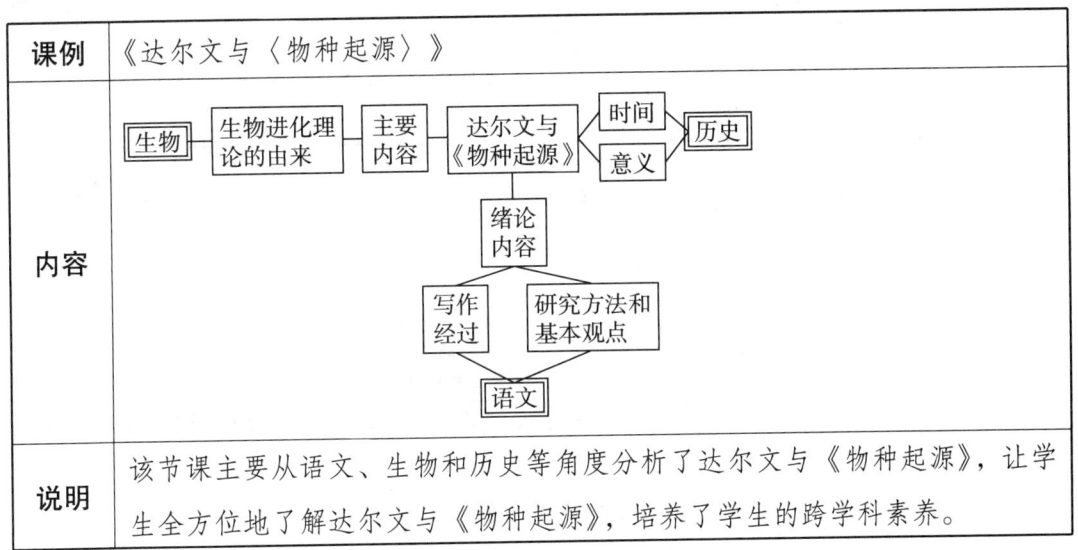

课例	《达尔文与〈物种起源〉》
内容	（结构图：生物 → 生物进化理论的由来 → 主要内容 → 达尔文与《物种起源》 → 时间/意义 → 历史；绪论内容 → 写作经过、研究方法和基本观点 → 语文）
说明	该节课主要从语文、生物和历史等角度分析了达尔文与《物种起源》，让学生全方位地了解达尔文与《物种起源》，培养了学生的跨学科素养。

【课例3】

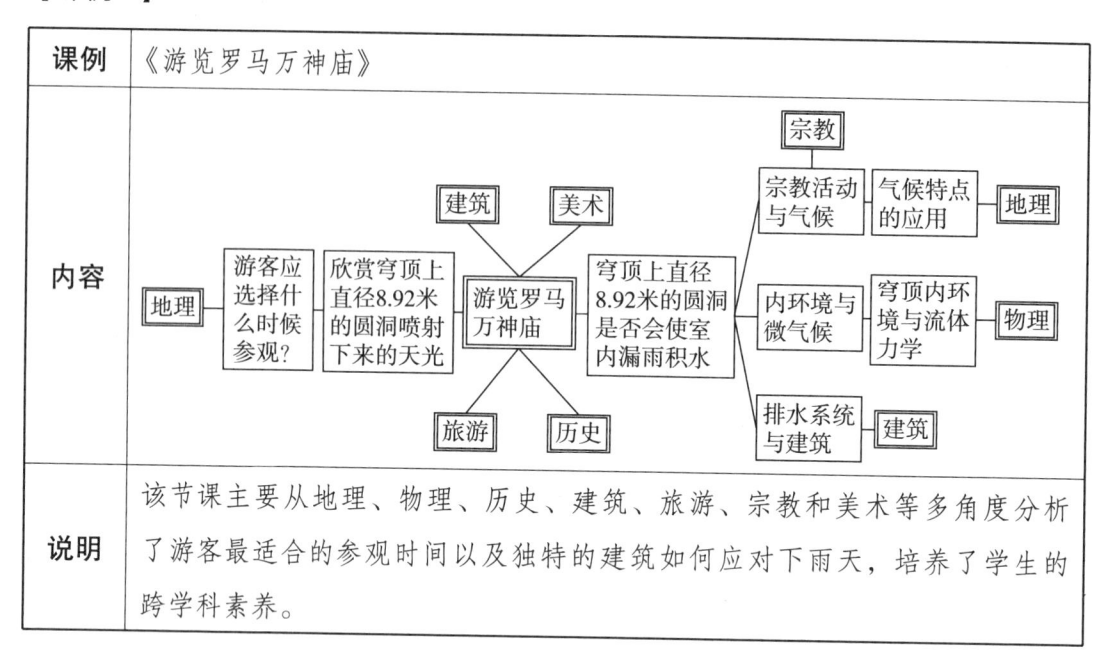

课例	《游览罗马万神庙》
内容	地理：游客应选择什么时候参观？ 建筑：欣赏穹顶上直径8.92米的圆洞喷射下来的天光 美术 旅游 历史 游览罗马万神庙 穹顶上直径8.92米的圆洞是否会使室内漏雨积水 宗教：宗教活动与气候 地理：气候特点的应用 物理：内环境与微气候、穹顶内环境与流体力学 建筑：排水系统与建筑
说明	该节课主要从地理、物理、历史、建筑、旅游、宗教和美术等多角度分析了游客最适合的参观时间以及独特的建筑如何应对下雨天，培养了学生的跨学科素养。

对于上述三节课进行情境权重设置，根据多位教师评分，结果如下：

表6 跨界课堂真实情境权重设置得分情况

课例	情境复杂程度	跨学科程度	素养覆盖程度	X_i	P_i
课例1	1.1×0.3=0.33	1.3×0.25=0.325	5.3×0.45=2.385	X_1=3.04	P_1=0.24
课例2	3.4×0.3=1.02	3.2×0.25=0.8	5.6×0.45=2.52	X_2=4.34	P_2=0.343
课例3	4.5×0.3=1.35	5.1×0.25=1.275	5.9×0.45=2.655	X_3=5.28	P_3=0.417

教师根据学生在课堂上的反馈，对其跨学科素养进行评价，根据多位教师对某一班级选取三位学生 S_1、S_2、S_3 进行测评，测评如下：

表7 学生跨学科素养得分情况

	S_1跨学科素养得分		S_2跨学科素养得分		S_3跨学科素养得分	
	原始得分 Y_i	最终得分 Z_i	原始得分 Y_i	最终得分 Z_i	原始得分 Y_i	最终得分 Z_i
课例1	6.1	1.464	15.3	3.672	14.1	3.384
课例2	9.3	3.1899	14.8	5.0764	17.7	6.0711
课例3	8.7	3.6279	10.5	4.3785	16.4	6.8388
总分 $K_i = \sum_{i=1}^{n} Z_i$		8.2818		13.1269		16.2939
等级		B级（合格）		B级（合格）		A级（优秀）

根据学生跨学科素养的得分情况，我们可以得出这样几个结论：

1. 根据 K_i 得分可得出某学生在一系列跨学科课例中最终的跨学科素养得分，可以比较真实地反应出该学生的跨学科素养水平。比如根据上述表格中的三位学生的 K_i 值，即可得出跨学科素养学生 S_3 高于学生 S_2 和学生 S_1。但是 K_i 值只能笼统地反映某学生跨学科素养的整体情况，难以具体反应某项跨学科素养的优势或不足。

2. 当设置情境的权重 P_i 较小时（如课例1），学生所取得的 Y_i 也较低；当 P_i 较大时（如课例2），学生所取得的 Y_i 也较大；但是也会出现当 P_i 很大时（如课例3），由于情境比较复杂，难度大，学生的 Y_i 反而不如课例2高，但是最终的 Z_i 成绩却仍然高出课例2（如学生 S_1 和学生 S_3），因此设置不同情境的权重，得出的学生跨学科素养更加真实。

3. 在开展同一节课程时，可比较学生原始分 Y_i。根据原始得分可分析某一节课中不同学生所侧重的跨学科素养水平差异。比如学生 S_2 在课例1中的得分 Y_i 最高，可达到优秀水平，该生可能在文学、艺术上的学科素养较高，该节课比较侧重人文情怀、审美情趣等方面的跨学科素养，因此学生在这方面的素养可能比其他学生要高。根据不同类型的跨界课堂，可得出不同学生的跨学科素养的优势和劣势，并可以开展差异教学，让学生能够综合全面地提升跨学科素养。

4. 上述的评价方式只能反映某一节课或是几节课的学生跨学科素养的评价得分情况。若要了解学生长期的跨学科素养的发展情况，还需建立一张动态的发展情况表，结合学生的优势和劣势，有针对性地开展系列课程。

构建跨界课堂，设置真实情境，可以培养学生的学科素养和跨学科素养。制定学生跨学科素养分级评价体系，将学生在真实情境中展现出来的跨学科素养记录下来，并实现分级评价，能够使学生的跨学科素养水平实现量化，达到可度量、可调控等精准要求，有助于更好地培养和提升学生的跨学科素养。

参考文献：

［1］邵俊峰．高中生跨学科素养培育的思考与实践［J］．江苏教育 2016（11）．

［2］张玉珍．高中课堂精准教学评价标准研究［D］．上海：上海师范大学，2020．

第三章

课题研究

第一节 县（市）级课题研究

2020~2021年度常熟市规划立项课题

"基于真实情境下的地理开放性课堂实践研究"结题报告

一、问题提出

教育部制定的《中国基础教育课程改革指导纲要》指出："课程是一个历史范畴，课程目标、课程结构、课程内容都将随着时代的发展而变革。"因而，教学模式的变化也应运而生。2017年《新课程标准》提出后，很多教学模式有很大改善，但是部分地区教学理念仍然比较"封闭"。教师制定固定的教学目标和内容，以灌输的教学方式为主，即使要求学生思考问题，学生也在教师预设的环节中，形成固定的答题模式和答案，学生思考问题的思路不得与教师的预设相背，教学在固定的教室中，学生很少有机会外出活动。教师在这样"封闭"的环境中教学，扼杀了学生核心素养的培养。因此，我们课题组提出开放性教学模式。它包括三个维度：教师与学生的心理空间由封闭到开放到融合，教材的知识空间与学生的经验空间由封闭到开放到融合，课堂的学习空间与学生课外的生活空间由封闭到开放到融合。开放性教学理念对培养学生的创新意识、创新精神、实践能力和全面提高学生的素质有着明显的促进作用。

苏联著名教育家苏霍姆林斯基在他的教学改革实验中提出，他会经常把学生带到大自然中，让他们观察、体验、感受大自然的美，培养学生的观察力、探究能力和创造能力。法国教育家卢梭在其著名的教育论著《爱弥尔》中就记载了情境教学的实例：为了让爱弥尔学会辨别方向，教师把他带到大森林里，由他自己辨别方向。虽然大多数的教学活动无法真正地在大自然环境中展开，但是教师们可以在生活中寻找丰富的教学素材，选取某个角度，在课堂上依托多种方法和手段，创设真实情境，逐步引导学生，开展跨界课堂的教学。

二、概念鉴定

1. **开放性教学**。作为一种与封闭性教学相对立的课堂教学模式，开放性教学是指在教师主导作用的控制下，赋予学生最充分的民主，学生以多种形式全面发展自我的教学方式。包括目标开放、内容相对开放、学习方法开放、思维开放、学习成果开放、学习环境开放。

2. **真实情境**。是指学生面对的或即将面对的实际存在的事物、事象或社会、时代热点，它往往具有复杂性、综合性和跨学科的特点。主要包括已经出现的或是将会出现的事件、现象、事物、社会热点等。

3. **实践研究。**以解决现实以及未来的教育教学中的问题为目标，提出解决问题的方法，设计并开发有效的技术以及系统，通过教育实践对其效果进行评价，并循环往复地对其进行改善。

三、研究对象与步骤

本课题对普通高中学生进行研究实施，课题实施步骤：第一步，组织研究梳理与本课题研究密切相关的教育理论。运用网络、期刊等相关资源分析研究与本课题相关的教育、教学理论。设计问卷调查，了解当前现状，为下一阶段课题研究做准备。第二步，构建开放性教学模式，逐渐形成以真实情境展现的地理教学课堂。课题组成员有地理组多位年轻骨干教师组成，在平时学科教学中以开放性教学为指导，导入真实情境为教学理念，逐渐形成独具特色的教学模式，并形成教学案例。第三步，对真实情境地理课堂的个案进行分析评价，对某些课堂案例开展分析评价研究。

四、研究过程和方法

（一）研究过程

第一阶段：准备阶段，2020 年 10 月—2020 年 11 月

广泛查阅资料，阅读新教材，研究新课标。制定课题研究的实施方案，提高对课题内涵的认识，设计研究计划，明确具体任务，课题开题。

第二阶段：实施阶段，2020 年 12 月—2021 年 3 月

通过查阅、调查以及实践，收集素材。广泛了解目前高中地理教学现状，了解学生在高中新课程改革中，真实情境在地理教学中的应用情况。重点开展校内外高中地理的分析和研究，设计教学案例，开展开放性教学，导入真实情境的教学方式进行课堂教学实验。

第三阶段：深入阶段，2021 年 4 月—2021 年 7 月

根据实施阶段中开展的真实情境地理课堂调查研究，进行教学情况的记录，并做案例分析。根据教学实践的材料，在每学期末写出阶段小结、案教例或论文，得出阶段成果，并进行深入分析探讨。

第四阶段：结题阶段，2021 年 8 月—2021 年 9 月

资料整理、讨论总结，呈现研究成果。写出学生成长案例、感受、论文等，完成结题报告。

（二） 研究方法

论文采用理论与实证相结合的方法开展研究工作：

1. 社会调查法。采用社会学的方法，设计问卷。然后在各个学校发放问卷，进行调查，获取第一手资料。最后通过数学方法进行统计分析。

2. 文献研究法。采用文献阅读的方法，广泛阅读目前关于开放性教学和真实情境地理课堂的文献期刊以及相关书籍，收集二手资料，进行总结。

3. 实证研究法。通过课堂实践，掌握第一手资料，寻找影响真实情境教学正常开展的关键因素、主要途径与策略、过程与方法。

4. 分析比较法。通过不同教师构建的真实情境地理课堂，分析评价真实情境地理课堂及学生的学科素养的变化。

五、 研究成效

（一） 认识成果

在课题研究的一年中，课题组成员多次开展了校内外的研讨活动，参加了苏州市地理学会活动，参加了苏州市课改调研活动，以及多次外出到达姜堰中学、昆山开发区高级中学、江苏省昆山中学等学校，听取各地的专家报告，观摩名师课堂。在各级各类的活动中，课题组成员获取了关于情境教学的第一手资料，了解了目前地理教学中情境教学的应用情况是非常普遍的：目前在地理课堂中真实情境的引入占地理课堂的 78.4%，地理课堂中三次以上引入真实情境的占比 53.2%，真实情境贯穿课堂始终的占 23.1%，而目前各级各类地理试卷中引入真实情境的达 98.4%。因此，关于真实情境在地理教学中的应用是非常重要的。

通过课题组成员对外校的调研，了解到其他学校对真实情境地理教学的应用比较普遍，但是质量参差不齐，大多也只是课堂开头导入，之后也是不了了之，其实并没有起到实质性的作用，或者比较有局限性。因此，该课题的研究对推进我校的真实情境下的地理开放性课堂实践研究的不断深入，具有一定的积极作用，不仅能够提高课堂效率，也能和新课程教学接轨。为了提升教师使用真实情境开展学科教学的能力，课题组成员多次分析研究得出结论，目前要提升教师教学的能力，其方法有：①广泛阅读提升教师地理学科能力的相关文献、著作；②强化教师真实情境在地理教学中的应用；③教师听取专业的学术交流报告及外出考察听课活动等。

通过一年的分析研究，课题组成员不仅在理论方面对课题有了更深刻的理解，并且在实践中依托学校的省级前瞻性项目，课题组教师的理论水平及真实情境地理学科教学能力也有所提高，地理教师的专业素养有了进一步的发展。

(二) 操作技术成果

1. 加强理论学习

这一阶段的研究对课题研究起着导向性的作用。课题组成员在一起学习研究了2017年《普通高中地理课程标准》，另外还研究了相关的学术论文《基于真实情境的核心素养落地策略——以"结合实例说明农业的区位因素"教学设计为例》《地理核心素养与问题情境视域下的教学设计——以"自然地理环境整体性"为例》等，通过理论学习，课题组成员在课题的研究中奠定了理论基础，为今后的课题研究指明了方向，课题组初步构建了课题研究思路模式，如下图：

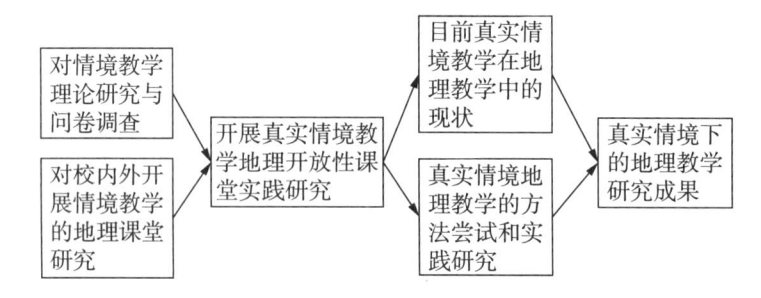

```
对情境教学              目前真实情
理论研究与              境教学在地
问卷调查    开展真实情境教    理教学中的
            学地理开放性课    现状           真实情境下
            堂实践研究                        的地理教学
对校内外开                  真实情境地      研究成果
展情境教学                  理教学的方
的地理课堂                  法尝试和实
研究                        践研究
```

2. 开展问卷调查

在课题研究中，课题组成员认为，要顺利开展课题研究，必须进行教师和学生的问卷调查，了解教师和学生对该课题的了解情况。通过问卷调查，我们课题组发现还是有不少教师和学生对真实情境地理教学的情况还不够了解。虽然我校师生经过三年来的省前瞻性项目的研究，对这个概念较为熟悉，但是不同教师和学生的了解程度差异比较大，因此，我们还是需要进一步深入研究，开展真实情境地理教学的研究，使学生和教师们对此有更深入的了解，从而进一步开展真实情境地理教学的研究，将情境教学真正落到实处。

3. 教学教研活动

自课题组开题以来，课题组成员为了保证课题的顺利研究和课题活动的顺利开展，确保每月一次校外活动和一次校内活动，形式丰富多样。校外活动主要以参观学习为主，了解校外的跨界课堂教学活动，为校内活动的顺利开展提供参考和帮助。校内的教学活动主要是课题组成员开设跨界课堂公开课、开展专题研究汇报、各级各类比赛、撰写论文等。通过课题组成员在跨界课堂方面的深入研究与探讨，课题组成员及所带班级在高中跨界素养方面都有了很大的进步。

4. 教师专业测评

为了进一步验证教师的课堂教学变化情况，课题组成员专门进行了教师的地理情境教学的听课测评活动，定期检测教师在课堂教学中，深入开展真实情境地理教学的研究，通过前后比对，了解地理教师关于地理情境教学能力的变化情况。

（三）教师学生方面成果

1. 理论学习成果

德国教育家第斯多惠说："我们认为教学的艺术不在于传授的本领，而在于激励、唤醒、鼓舞。"马卡连柯也认为："教师通常是不能等待这种情况的自然出现。他必须自己去建立能够唤起学生的必要心理状态、观念、情感、动机，并激发他们行动的外部环境。"所以，从某种意义上说，教师教学的成功在于艺术地设置情境冲突。实施情境教学，当是明智之举。情景创设教学模式是指教师根据教学内容，运用生动的语言、借助现代化教学手段等，创设学生所熟悉的生活情境，使学生产生身临其境的感受，从而激发学生浓厚学习兴趣的教学模式。教师通过创设情境，让学生的智慧、思维、猜测、想象、情感都充分地参与到课堂教学中来。使学生的情感活动和认知活动有效结合，学生在课上观色、闻香、品味，从而逐步达到知、情、行相统一的教学目标。

美国教育家布朗认为："学习的环境应该放在真实问题的背景中，使它对学生有意义。"这里的"真实问题"显然是学生的生活实际。情境材料的设置应注重从生活实际出发，从学生的经验出发，源于生活、体现生活，使课堂与生活相连。一堂好课绝不应该孤立于生活之外，一堂好课应该是学生探索世界的窗口，是学生人生旅途中的加工厂和加油站。教师要善于创设生活情境，引导学生体验生活、感悟真理。

2. 教学实践成果

课题组成员在课题开展以来陆续开设对外公开课活动：蒋老师在2020年9月20日开设苏州市线上教学课程《影响水循环的因素》。郁老师在2020年10月28日苏州市高中课改展示活动示范研究课《陆地水的相互补给》。蒋老师在10月为常熟市高一新入职教师开设公开课《水循环》和专题讲座《启程——迈好地理教学生涯的第一步》。张老师12月开设基于提升核心素养学科阅读提升的推进活动公开课《区域发展问题研究》。蒋老师12月在姜堰中学开放日活动中开设公开课《探秘澜沧江——湄公河流域》。张老师在2021年3月苏州市高三地理备课组长会议中开设公开课《都市圈发展的综合探究》。蒋老师在2021年5月份和6月份在新疆克州领航筑梦高中地理区域研训活动中开设专题讲座《内力作用和山地的形成》和《第五章交通运输布局及其影响》。另有夏老师和周老师开设情境式地理教学的课堂实践。通过在开放性教学模式中，构建真实情境，提升了学科的趣味性、灵活性和应用性，提升了教师的学科教学能力。

3. 教师学科教学能力有所提升

课题组教师通过课题研究，专业打造精品团队，为常熟市中学部分教师的专业发展提供了帮助。课题组教师共同打造新一代的年轻教师骨干，在教师的专业发展中具有一定的结帮带队的作用。通过课题研究，年轻教师的学科教学能力有了很大的提升，其中郁飞老师原是一名初中地理教师，通过课题研究，她在高中地理教学生涯中迅速成长，成为一名常熟市中学的地理教学骨干。张老师、周老师和夏老师，都是新入职2—3年的研究生毕业的地理教师，在课题研究的半年中，她们兢兢业业、不辞辛劳，在备课、上课的过程中不断提升自身的教学能力，也不断提升自身的理论水平，在教学中更加注重真实情境的引入，更加专注真实情境的应用。主持人蒋老师以课题研究为平台，以公开课、专题汇报、专业知识考查为手段，以培养教师学科教学为目的，不断尝试打造精品教师团队。我们相信，在接下来的半年中，随着课题的进一步深入研究，教师情境教学会有更大的发展。

4. 教师专业素养的提升

通过半年的教学研究和实践，课题组教师们在跨界素养上都有了很大的提升。一方面，各位教师丰富了自身的专业知识体系，也了解了其他学科的知识，融合了各门学科；另一方面，在教师专业发展上有了很大的进步，蒋老师被评为苏州市学科带头人。

在下一阶段，通过课题的进一步推进，对教师的跨界素养测评还会有进一步的研究和发展。

（四）效果

在这一年的课题研究中，我们课题组成员不断努力、坚持不懈，不断地进行地理教师专业素养的培训，通过理论和实践的培训，教师在这一年中取得了不少的收获，专业素养得到了提升。附录：略。

六、问题讨论与建议

（一）研究中存在的问题

1. 高中学校由于面临升学压力，教师教学工作强度高、负担重、时间紧，在开展课题研究时受到一定的限制，教师研究专业素养的提升过程中缺乏一定的时间和精力。

2. 课题研究者的理论储备还需加强，特别是文献研究和模式构建需要大量的相关理论，这对课题组来说是一个挑战。

3. 课题主要是研究教师的真实情境在地理教学中的应用，但是目前只限于课题组教师，由于课务也比较繁重，在情境教学的落实过程中还有一定困难。并且情境教学在落实中也只是局限于课题组成员，希望在下阶段能够不断扩大范围。

（二）改进措施

1. 课题研究在前期有一定的地域和时间的局限性，因此教师应开发更好的教学模式及安排多样的教学环境，创新教研方式，创新管理机制，不仅要在课内还要在课外，不仅在课上还要在课后，以推动课题研究。

2. 课题组成员要继续加强学习，不仅是理论学习，还应积极参加与真实情境地理开放性课堂教学模式相关的研讨、听课活动，开阔视野，激发教学创新灵感。

3. 建立奖励制度，以推动高中真实情境地理课堂发展的积极性；建立有效评价机制，对教师的课堂教学合理评价，观察教师学科教学的发展情况。

第二节 省级课题研究

江苏省教育科学"十三五"规划 2016 年度重点资助课题（课题编号：C-a/2016/02/13）

基于地理实践力培养的高中开放性课堂研究
研究报告
二〇二〇年十二月

"基于地理实践力培养的高中开放性课堂研究"系江苏省教育科学规划"十三五"规划重点资助课题（课题编号 C-a/2016/02/13）。经过 5 年的研究，已完成规定的研究任务。

一、研究的意义与价值

（一）教育改革发展的需要

教育部于 2014 年 3 月印发的《全面深化课程改革 落实立德树人根本任务的意见》中明确指出，教育部将组织研究提出各学段学生发展核心素养体系，明确学生应具备的适应终身发展和社会发展需要的必备品格和关键能力，突出强调个人修养、社会关爱、家国情怀，更加注重自主发展、合作参与、创新实践。为此，教育部于 2017 年出台了《普通高中地理课程标准》，新课标中将人地观念、区域认知、综合思维和地理实践力并列为地理学科的四大核心素养。而地理教学旨在使学生具备地理核心素养，使学生学会从地理视角认识和欣赏自然与人文环境，懂得人与自然和谐共生的道理，提高生活品味和精神境界，为培养德智体美全面发展的社会主义建设者和接班人奠定基础。对此，四大核心素养如何更加有效地在中学阶段得到落实，是如今地理教师遇到的新问题，需要深入研究与思考。本课题研究正值本次教育改革的关键时期，具有重要的时代意义。

（二）有利于培养学生的核心素养

本课题重点关注四大核心素养之一的学生地理实践力的培养。地理实践力是地理核心素养体系中的最重要的组成部分。但由于新课标刚提出，很多教师对其研究还不够深入，更不懂得如何去培养学生的实践力，因此在高中地理课堂开展各类培养学生实践力的活动是不可或缺的。在理论上，课题组成员通过认真研究与课题相关的理论，充实理论知识，对教学具有一定的指导意义。另外，课堂教学是开展地理教学工作的主阵地，通过该课题的深入研究，课题组成员能更好地将理论应用到实际教学中去，开展了多项主题式教学活动，有效培养了学生各类地理实践力。近几年来通过制订合理计划和方案，学生的地理实践力有了很大的发展和提升。

（三）构建开放性课堂，培养教师的专业素养

地理课程含有丰富的实践内容，是一门实践性很强的课程。但是，很多实践活动在比较"封闭"的状态中进行，缺乏真正意义上的实践。要真正做到培养学生地理实践力，必须要建立相对开放的课堂教学模式，这是对传统教学的一种突破与尝试。一堂比较成功的开放性课堂需在比较开放的教学环境中，开展灵活多样的地理实践活动，师生共同开发地理课程资源，实现师生关系和教学过程的开放。构建成熟的开放性课堂，需要教师具备一定的开放性教学能力，对教师教材开发、课堂驾驭、专业知识和技能、课堂评价等方面有较高的要求。目前课题组成员开发的开放性课堂有跨界课堂、研学旅行、多媒体信息技术课堂、项目化学习课程、学校课程基地活动课程和学生自主研发课堂等模式。多种开放性课堂的构建，不仅有效提高了学生的地理实践力，也有利于提升教师的专业素养。

（四）整合师生共同发展的价值

四年来的课题研究，经过教学这条主线不断地深入实践；可以实现教师专业素养和学生核心素养的提升，实现了师生素养共同发展的双赢；实现教师教学和学生和谐共生；达到学生地理成绩提高、地理核心素养提升，教师教学能力提高、专业理论水平提高的共同目标。可以形成"一主线，二双赢，三和谐，四发展"的良性教育教学生态。

二、研究的目标与内容

（一）研究目标

1. 开放性课堂理念与地理教学的融合

受传统教学观念的影响，教师在地理教学中比较保守，而该课题的研究要求教师构建开放性地理课堂。要有开放的教材、开放的教学过程、开放的思维、开放的环境、开放的师生关系等。有了开放的教学理念才能更好地构建开放性课堂，才能落实学生地理实践力的培养。因此，这就需要教师对开放性地理课堂的理论与实践进行深入研究。

2. 高中生地理实践力培养达成方式方法与途径

高中生地理实践力的培养是一个长期实践训练的过程，训练中引导感悟，形成习惯，提升能力。因此，培养途径主要通过两个方面。其一，基于地理实践力的环境建设；其二，基于地理实践力的课程建设。环境建设是开展学生地理实践活动的载体，课程建设则为其提供内容和课程支持。上述两大途径在本课题中主要是通过构建开放

性课堂来实现。

3. 促进学生地理实践力的提高

通过培养学生地理实践力，让学生在今后的日常活动、问题解决、适应挑战等方面形成良好的实践能力、创新意识和行为表现，获得较强的劳动意识、问题解决和技术应用等能力。同时也能带动其他三大地理核心素养的发展。

4. 促进教师专业素养的发展

通过构建开放性课堂和培养学生地理实践力，教师组织地理教学的过程也是不断研究、学习、探索的过程，在此过程中也提高了教师的教学能力，促进教师专业发展。

（二）研究内容

本课题从学生地理实践力的培养、构建开放性课堂、制定评价体系三个方面进行研究。培养学生地理实践力是目的，构建开放性课堂是基础，评价体系是考量的基准。

1. 学生地理实践力的培养研究

课题组成员进行前期调查研究，阅读相关文献资料，研究以往专家对地理实践力的分析与评价，从中获取理论知识，认识地理实践力，将其细化、具体化，并纳入地理教学中。对学生地理实践力的培养主要通过以下活动实现：一是名师共同体活动，通过外出考察、听取专家讲座、听取示范课等方式学习他人经验；二是利用学校课程基地开展各类校内外活动；三是课堂上构建开放性课堂等地理教学培养学生地理实践力。

2. 构建开放性课堂的研究

开放性课堂是本课题研究培养学生地理实践力的一个主要途径，它是实现培养学生地理实践力的一个平台。对其研究主要从以下几个方面：一是对开放性课堂的定义，通过理论学习了解其内涵；二是构建开放性课堂的教学模式，目前开发的开放性课堂有跨界课堂、研学旅行、多媒体信息技术课堂、项目化学习课程、学校课程基地活动课程和学生自主研发课堂等模式，并且课题组成员还在进一步地思考和研究；三是选择某一种开放性课堂对其评价。

3. 开放性课堂推动地理实践力培育研究

开放性课堂具有一定的开放性，目前开发的几种开放性课堂最主要的作用是能够培养学生的地理实践力。因此，在开发开放性课堂的过程中需要考虑的重点是该课堂能否培养学生的地理实践力。由此可知，首先，开放性课堂是以地理课程为主要科目；其次，需要比较复杂的情境设置；第三，需要教师不断地引导和推进；第四，分析评价对学生地理实践力的培养情况。

4. 制定评价体系的研究

本课题的目的旨在培养学生的地理实践力，但是学生地理实践力的培养不能仅浮于表面。通过几节课，学生的地理实践力是否真的有所提高了，还需要具体量化，才能真正反映出来。因此制定学生地理实践力的系列评价量表，研究评价的实施时机、实施策略与实施推进是非常重要的。为此课题组教师专门研究了学生的地理实践力，制定了评价量表，通过定期地打分、量化评价学生的地理实践力水平和发展变化。

三、研究过程、方法及举措

（一）研究过程

2016年8月—2016年12月

这一阶段的研究对课题研究起着导向性的作用。通过问卷调查，课题组认为目前地理教学理念仍然比较"封闭"，尤其在教学目标、教学内容、教学评价以及教学环境方面的"封闭性"尤为突出。对学生地理实践力的培养意识还比较缺乏，学生地理实践力水平较差。本阶段主要通过文献研究，来认识提升学生地理实践力的方法，构建开放性课堂。

2017年1月—2018年1月

这一阶段的主要工作分为三部分。

一是从理论上分析地理实践力的内涵与外延。2017年《普通高中地理课程标准》中提出了地理实践力的内涵是人们在考察、实验和调查等地理实践活动中所具备意志品质和行动能力。我们课题组成员在其基础上又不断丰富和扩展，将课标和教材融合，将地理实践力的外延拓展为六大类：地理观测能力、地理调查能力、地理实验能力、地理制作能力、操作地理仪器能力及综合能力。

二是为构建开放性课堂组织各类活动。课题组成员组织师生围绕课题构建开放性课堂。通过"走出去""请进来"等方式，专门研究开放性课堂的构建。

三是加强地理实践力和开放性课堂的融合。一方面要求教师不断加强开放性课堂的研究与构建，另一方面也要重视学生地理实践力的提升。

2018年2月—2019年8月

此为课题实施的主体阶段。课题组主要开展了以下工作。

一是形成了地理实践力要素表及评价标准。《课程标准》只提供了一种笼统的分类方向，没有具体的指导与评价的功能。课题组经过研究，地理教师需要结合课堂实际情况和相关的地理教学内容，以及学生地理实践活动场所多元化等因素，将地理实践力的评价要素进一步细化，制定具体的、具有操作性的地理实践力评价的要素表，同时还制定了地理实践力评价体系表。通过将学生的地理实践力量化，进一步研究学生的地理实践力的动态发展情况，对下阶段的开放性课堂的构建也有一定的指导意义。

二是不断优化开放性课堂。开放性课堂最主要的内涵是"开放"。在课题研究初期并没有确定其外延。因此在开放性课堂的研究进程中，不断将其外延具体化、细化，对前期的实践进一步优化，从而形成一定的理论研究，并构建开放性课堂教学模式。同时，开放性课堂的构建也应为培养学生实践力服务，其目标旨在培养学生的地理实践力。

三是实施了开放性课堂名师工作室。课题组在学校支持下，2016年3月成立了以"项目"为载体的开放性课堂名师工作室，课题组部分成员加入了工作室。经过四年多的名师工作室活动，课题组成员的专业发展走入了快车道，对开放性课堂和学生地理实践力的培养有了更深入的理论和实践研究。

四是基于校内外课程基地设施开展开放性课堂。基于校内外课程基地，通过组织活动，培养学生地理实践力和广阔视野的同时，促进教师开放性课堂的构建，促进教师在名师示范、引领下的专业成长。

五是聚焦课堂。基于课题组成员各自的优势，尝试构建各类开放性课堂，如跨界课堂（学习内容的开放）、多媒体信息技术课堂（学习方法的开放）、研学旅行（学习环境的开放）、项目化学习课堂（学习方法的开放）、学校课程基地活动课堂（学习环境的开放）和学生自主研发课堂（教学目标的开放）等模式。这些课堂教学模式不仅拓展教学视野，形成新的课例主题，也为教师从事进一步教学研究提供了理论和实践基础。

六是跨区域教师共同研究。课题组成员除了本校的部分地理教师参与以外，后期还有无锡、苏州、南通和连云港等地的学校骨干教师加入，为课题的研究注入了新鲜血液，也丰富了课题研究对象（各地的学生和教师）。如苏州徐老师在研学旅行方面有很深入的研究，无锡武老师在学生项目化学习课程建设方面也有很深的造诣，连云港的张老师对地理实践力有研究，并获得了省级成果二等奖，同时发挥各位教师的教学特长，所谓集百家所长，为课题服务。

七是在编写校本教材、专著，撰写论文中促进教师的专业发展。课题组成立五年来，编写与完善了校本教材《气象与气候变化》、专著《给地理教师的101条建议》，在省级及核心刊物上发表了几十篇高质量论文，在编写教材、专著和论文中，课题组教师相互协作，互通有无，促进了专业视野，培养了专业能力。

八是为加强教师的学科教学能力，从"大教育"视野实施对高中开放性课堂的研究。本阶段，课题组侧重文献研究法和案例研究法。首先是对各类教学模式教学方法论书籍进行初步的学习，了解其主要的教学思想和教学方法。其次，课题组成员根据教学目标设计开放性课堂，实施开放性课堂教学，构建开放性课堂。第三对开设的开放性课堂实行评价机制。一堂成功的开放性课堂，一方面评价其课程的开放性，另一方面注重评价学生的地理实践力等地理素养。

2019年9月—2021年1月

课题辐射、成果总结及结题准备阶段。这一阶段，在苏南苏北及贵州思南等地进行课题成果的辐射，如苏州市教科院、苏州中学、无锡市滨湖区教研室、江苏省太湖高级中学、江苏省南通田家炳中学、连云港市新海实验中学、扬州市教科院、山东省单县一中、贵州省思南第八中学等，引起了较大的反响，受到了好评。聘请常熟市教师发展中心的领导对课题的成果梳理及结题工作进行指导。

（二）研究方法

以行动研究为主，结合文献研究、调查研究、案例研究、模式构建等方法，采用课程编写、课堂观察、记录、分析以及对话交流等技术手段，根据不同的研究对象、研究内容选择最合适的方式、方法展开研究。

行动研究：主要包括行动参与性研究与行动实验性研究。侧重在基于学生地理实践力培养的开放性课堂教学模式下教师专业发展的策略和可能收到的效果，解决传统教师在专业发展中的问题。

文献研究法：围绕地理实践力、开放性课堂核心概念，对其相关理论进行研究，思考其内涵与外延。

调查法：通过抽样的基本步骤，以师生个体为分析单位，通过问卷、访谈等方法了解学校教师专业发展的现状，开展分析研究，发现问题的症结。

模式方法：分析现存教师专业发展的矛盾，认识某一种开放性课堂的教学模式下教师专业发展的特征，合理进行分类，并科学表达，建立理论与应用的框架。

案例研究：以某一开放性课堂作为案例进行研究，寻找其对教师专业发展的可供借鉴的法则，并且对学生的地理实践力进行评价。

（三）主要举措

1. 加强文献研究和理论学习，增强认识

这一阶段的研究对课题研究起着导向性的作用。为了充分认识开放性教学理念，课题组成员研究学习的文献资料有《"四部曲"开放型实践教学活动研究与探索》《教师专业发展导论》《实践、探究、开放》等。还学习了相关的地理杂志《中学地理教学参考》《地理教学》和《地理教育》。另外又查阅了相关的多篇论文：《高中地理实践活动教学研究》《地理课堂开放性教学探析》《高中地理教学中地理实践能力的培养》等。通过学习，课题组成员对该课题有了新的认识。

（1）形成开放性课堂的教学理念

开放性教学理念对培养学生的创新意识、创新精神、实践能力和全面提高学生的素质有着明显的促进作用。目前研究开发的开放性课堂主要有跨界课堂、研学旅行、多媒体技术课堂、学校课程基地活动课堂课程和学生自主研发课堂等模式。

（2）深入研究地理实践力

学生在学习地理的过程中应具备的适宜终身发展和社会发展必备品格和关键能力叫作地理核心素养，它包括人地观念、区域认知、综合思维和地理实践力，并称为地理学科的四大核心素养体系。地理实践力是地理核心素养之一，是地理学科能力的重要组成部分，是指学生在学习地理知识和各种地理实践活动中逐步形成和发展起来的，能够顺利完成各种地理实践活动所必须具备的心理品质及顺利获得地理知识和完成地理活动的综合能力。课题组成员在课题研究中还拓展了其外延，目前所研究的主要是地理观测能力、地理调查能力、地理实验能力、地理制作能力、地理仪器操作能力及综合能力等。

（3）构建课题研究思路模式

在地理教学过程中，教师应在开放性的理念指导下，构建地理课堂，不断开发新的教学方式，培养学生的地理实践力。这不仅是教学方法，也是教学目的。通过学习与研究，课题组初步构建了课题研究思路模式，如下图：

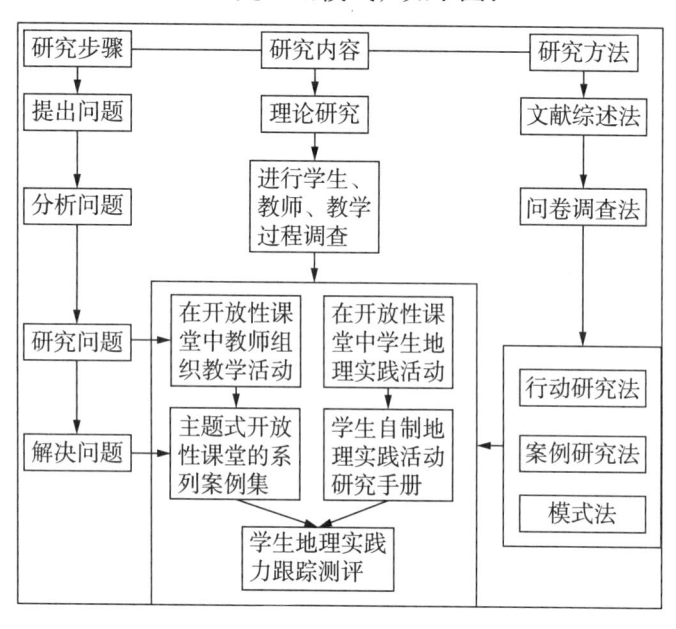

图1　课题研究思路模式

2. 开展问卷调查，了解地理教学现状

课题组认识到，要深入分析研究目前的教学状况和高中学生对地理课程的学习情况，必须进行学生的问卷调查。

（1）地理教学理念仍旧比较"封闭"

在课题研究前期，课题组成员设计问卷调查表，对学校的部分学生进行了关于地理开放性课堂的问卷调查。主要针对高一、高二部分学生，一共对 621 人进行了问卷调查，分发 621 张调查表，收回 577 张调查表，收回率 92.9%。另外对 33 位地理教师进行问卷调查，评价课堂的开放程度，收回率 100%。

开放性指标评价项目有 7 个，每项开放性指标满分为 10 分。根据调查报告显示，从教师教学和学生对教学开放性程度评价的角度来看，教师的评价分数均高于学生，但是师生判断的低值和高值基本一致。分数较低的方面体现在教学目标、教学内容、教学评价以及教学环境中。

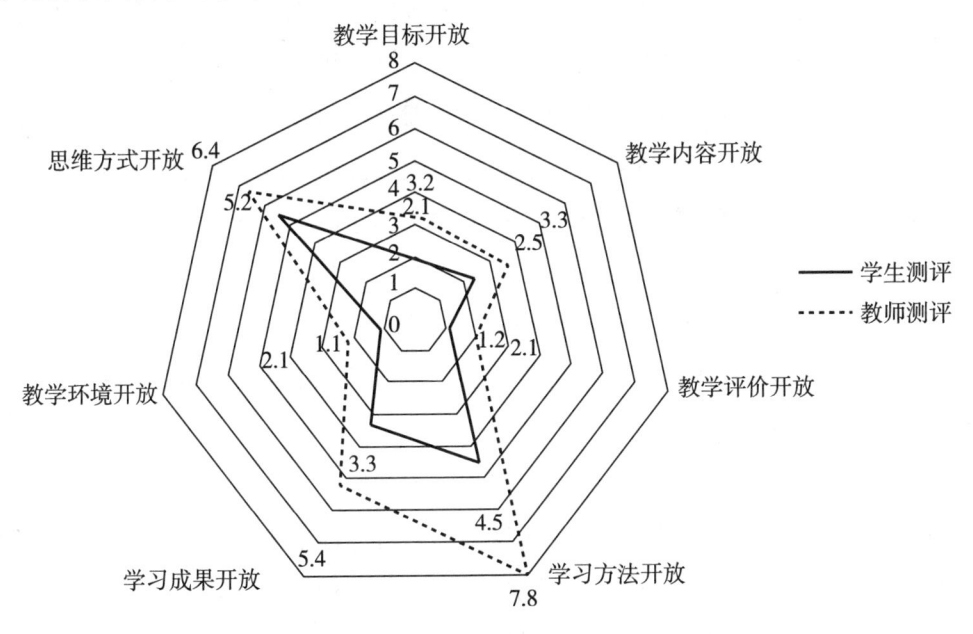

图 2　师生对地理开放性课堂评价图

（2）学生地理实践力培养还不够

在课题研究初期，课题组成员对高一、高二部分学生，一共 621 人进行问卷调查，分发 621 张调查表，收回 566 张调查表，收回率 91.1%。学生地理实践力一共有 6 个测评项目，每项指标是 10 分。根据调查分析，学生每项指标平均分数均不满 5 分。下图是课题组成员对部分学生的地理实践力的调研结果。

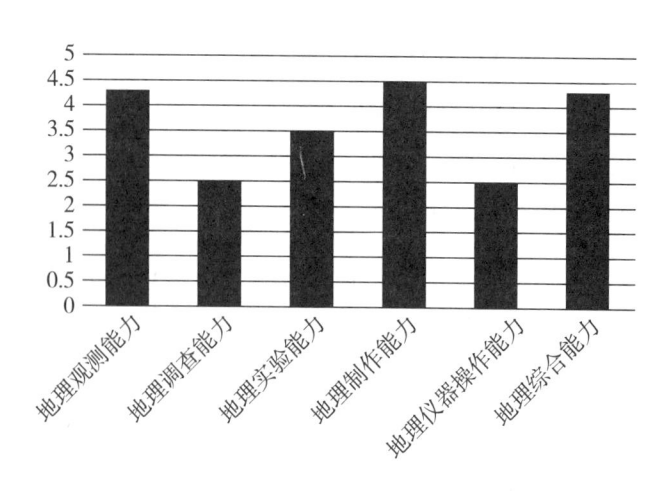

图3 学生地理实践力初评图

2017年《普通高中地理课程标准》出台，提出了地理教学新的相关要求，但是不少教师仍旧运用老套的灌输方式来进行教学，学生对地理学习失去兴趣，听课效率低下，对地理的相关活动表现力不足。即使部分教师开展实践活动，效果也不尽如人意。

地理是一门实践能力较强的学科，即使学生掌握了相关的地理知识，但若是考察能力、调查能力、实验能力与地理知识相脱节，那么学习地理只是纸上谈兵。而该课题的研究正是要扭转这种教学现状，不仅要让学生掌握相关的地理知识，还要让他们学会应用地理知识，知识与能力相结合。在地理教学中，不仅要开放课堂，还要开放理念，开放内容，最终要提高学生的地理实践力。

3. 以名师工作室为载体，分析研究开放性地理教学

课题组多名成员也是名师工作室成员，工作室在近几年相继开展了地理教学研究学习活动，对课题研究极有帮助。

（1）通过校内外听课活动了解学生地理实践力的培养。

工作室几乎每个月都会开展校内外听课活动。听课活动中，工作室成员有明确的分工：有的负责课堂记录，有的负责活动记录，有的负责学生观察，有的负责教师课堂组织情况等，为课题研究提供了第一手资料。尤其是针对该课题，组员尤其重视观察上课教师在课堂教学中如何展开对学生地理实践力的培养，对此，课题组成员做了相关记录，并且对不同的教学方式和地理实践力做了相关的评价，研究该课堂教学是否具有一定的开放性，指出哪些环节还不够开放等。

（2）通过课程基地考察活动了解开放性课堂的构建。

工作室利用空余时间对其他学校的课程基地进行了考察活动。我们先后去了江苏淮阴中学、靖江高级中学、南京中华中学、上海七宝高级中学、上海市徐汇中学、北师大庆阳附属中学等多家重点中学参观学习考察。了解了课程基地的建设、应用，学

生的活动情况，课程基地建设对学生的影响及课程基地今后的发展方向等。参观学习对我们今后的开放性课堂构建有一定的启发性，对我们在地理教学中如何培养学生的地理实践力起了一定的指导作用，同时也为我校课程基地建设及应用提供了宝贵的经验和帮助。

（3）通过名师研讨活动对课题研究有一定的理论与实践指导。

课题组成员中有两位是特级教师，在他们的带领下，我们课题组成员们有幸多次参加高级别的名师研讨活动，受益匪浅。

4. 根据理论学习与实践经验，构建开放性地理课堂

（1）教学理念的开放

教师理念开放了，那么设计的教学内容、教学过程以及开展的教学环节才能具有一定的开放性。通过教师的引领，学生的学习过程、研究过程、发现过程、生成过程才能具有一定的开放性。在开放的教学理念指导下，才能有开放的教学行为。

（2）教学内容的开放

在确定教学内容之后，教师不应将教学内容局限于地理教学内容本身，应该将其与生产生活、其他学科以及实践活动相融合，这样，学生所学的地理才更为有用、更为综合、更有意义。

（3）思维模式的开放

英国地理教学专家提出，在地理课堂教学实施过程中，教师应积极地创造机会，充分开展各种活动，如角色扮演、辩论比赛、合作探究、模拟活动等，让学生自主发挥，合作讨论，深入探究，打开学生的思维方式，充分发挥学生的发散性思维。

（4）教学生成的开放

"预设"是指教师围绕某个教学目标而做的设计，"生成"是指在实施设计过程中学生的所得、所获。如果课堂设计只是根据教师事先预设按部就班，没有发挥师生双方的主动性和积极性，那么该节课也只能是完成任务，是没有灵气的课堂教学。开放性的地理教学，会使得学生的思维变得更加活跃，生成的信息更加丰富，而生成又会转为教学资源，学生成了教学资源的生成者和构成者；教师不再是知识的呈现者、纪律的管理者，而是课堂信息的重组者。

（5）教学形式的开放

由于目前地理教学大多在学校教室里开展，不少教师可能会对教学形式或教学环境如何开放产生疑问。其实，教师们可充分利用学校课程基地或是课余时间来开展地理教学、研学旅行、社会调研、实地考察等，这样地理教学的形式和教学环境就会丰

富多样。

5. 利用课堂教学，组织开放性课堂，培养学生地理实践力

（1）课程统筹

课题组组织各位骨干教师，结合校内外各类各级开课活动，进行课程统筹安排。本着开放性教学理念的指导思想，努力寻找培养学生地理实践力的教学模式。目前开发的开放性课堂主要有跨界课堂、研学旅行、多媒体信息技术课堂、项目化学习课程、学校课程基地活动和学生自主研发课堂等模式。依据各节课的教学目标的差异，运用不同的教学方式方法，部分组员开设的公开课如下：

①跨界课堂

跨界课堂是课题组成员构建的开放性课堂模式之一。跨界课堂是实现开放性课堂的一种有效尝试，主要体现在学科的跨界上，即以某一学科为中心，打破学科之间的界限，实现学科知识尽可能地相互交融、彼此支撑，有目的、有计划地进行教学设计和组织教学的一种课堂模式。2017年我国教育部推出《地理课程标准》，对地理教学给予了指导意见，课标提出：为了培养学生的地理核心素养，"要秉承多样化观念，灵活使用教材，积极使用多种资源，了解、理解、驾驭不同的教学思路和教学模式，使教学具有开放性"。并且要求注重情境化教学"包括学生日常生活的情境，地理与生产联系的情境"。不仅如此，还"要高度重现复杂、开放性真实问题情境的创设，即把具体任务尽可能放在真实、复杂性的现实情境之中"。而现实中的很多复杂的问题不是仅仅通过地理的思维方式就能解决的，如果融入跨界思维方式，提高学生跨学科素养，那么很多复杂的问题就会迎刃而解了。课题组成员多次开设跨界课堂，如《全球气候变暖》《模拟气候大会》《干旱》《中国历史时期气候变化》等。跨界课堂流程图如下（图4）。2020年开设跨界课堂《新冠疫情》《一带一路》《游览罗马万神庙》（图5）。

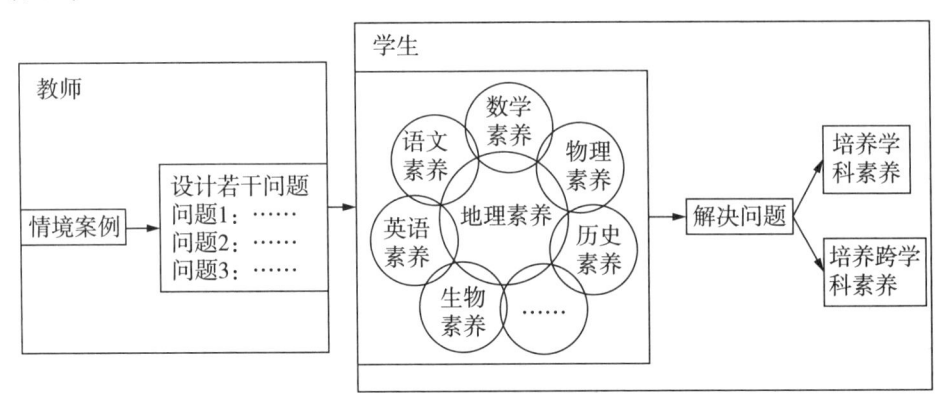

图4 跨界课堂流程图

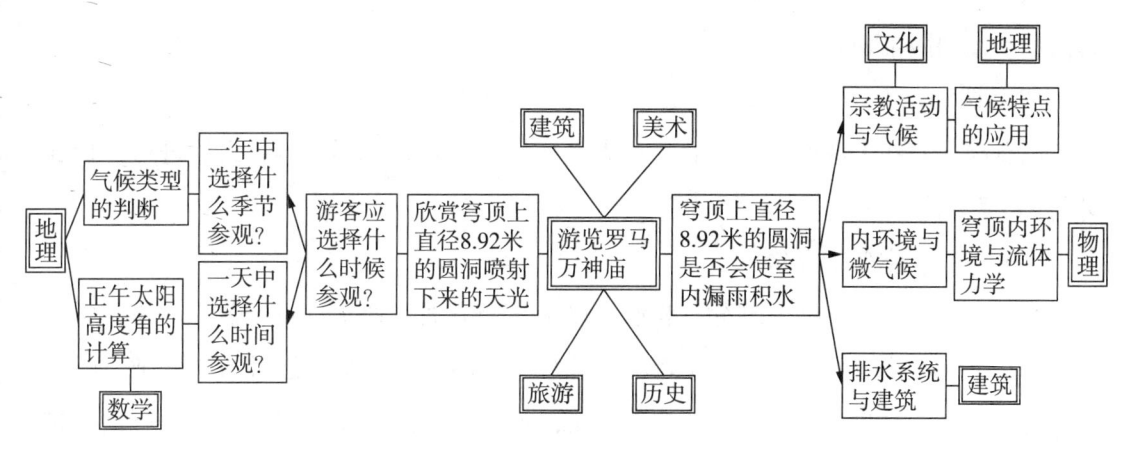

图 5 《游览罗马万神庙》上课流程

②多媒体信息技术课堂

多媒体信息技术课堂是一种教学手段、学习方法较为开放的课堂教学模式，在课堂教学中融入多媒体信息技术如 Starc3.0 双屏、希沃白板、Google Earth 及互联网等手段。教师不仅要在信息技术方面有较熟练的操作技能，并且要将之应用到教学中去，与地理学科相融合，实现教学手段和教学资源的开放性。通过互联网，学生可以在网上查阅海量的资料，再进行筛选，将有用的信息加以提炼和组织并表达出来。多媒体技术课堂不仅对教师有较高的硬件设备操作要求及课堂组织管控要求，而且要求学生有较高的多媒体技术的操作能力，能通过手头的平板及时反馈，还需即时查询相关资料。多媒体技术课堂不仅提高了教师的教学水平、多媒体操作能力，也培养了学生的地理实践力。

2018 年 10 月，苏州市教科院嵇老师组织了苏州市"实现信息技术与学科融合"地理优质课比赛，我参加了此次活动并获得了苏州市评优课比赛一等奖。在这次比赛中，我学到了很多关于信息技术的使用和学科的融合，开拓了开放性课堂教学模式。

③学生自主研发课堂

在《地理制作》这节课中，让学生选择地理课上学过的一些地理原理，制作相关模型。如学生根据地形特点用橡皮泥制作各种地形，根据大气三圈环流的特点制作三圈环流三维立体模型，根据大洋洋流模式规律制作洋流模式图等，培养了学生的地理制作能力和合作精神。

在《地理主题研究》这节课中，学生自主确定课题研究，然后发表演讲。首先，学生根据自己感兴趣的地理内容，确定研究课题。学生经自主研究发掘了 40 多个主题。其次，学生根据所选择的课题内容，自主研究，将研究所得记录下来，并且在课堂上通过演讲分享给大家。再次，学生课后感悟。通过这次活动，学生记录下自己在这次活动中的困难和收获。

(2) 课程评价

课题组成员在上课前、上课后都召集开会讨论，确定课程内容，之后进行分析和评价。

①开放性课堂教学评价

起初，根据开放性教学理念，我们从以下几个方面对课堂进行开放性评价：学习目标开放、学习内容相对开放、学习评价开放、学习方法开放、思维方式开放、学习成果开放、学习环境开放。针对这7个方面，每一项目总分为10分，根据实际情况进行评分。但是，这种评价方式只能评价开放性程度，对课程本身或是对学生核心素养的关注程度不够。因此，课题组成员立即对该评价体系进行调整、修改。其中跨界课堂的评价体系如下：

对跨界课堂的评价主要是对教学内容及教师课堂组织进行评价。我们不仅要对课程本身，还需要将对影响学生地理素养的培养纳入评价标准。评价标准主要是根据情境的复杂程度、跨学科程度和跨学科素养覆盖程度以及教师的课堂组织能力进行评分，并且需要根据这四项指标的重要程度设置权重（参考表1）。

表1 跨界课堂评价标准

分类	权重	赋分（易→难）		
情境复杂程度	0.2	单一、静止（1—2分）	变化、复杂（3—4分）	多元化（5—6分）
跨学科程度	0.25	2类学科为主（1—2分）	3类学科为主（3—4分）	4类及以上学科（5—6分）
对地理实践力的影响	0.35	对学生地理实践力的培养较差（1—2分）	对学生地理实践力的培养良好（3—4分）	对学生地理实践力的培养优秀（5—6分）
教师课堂组织能力	0.2	课堂混乱或安静，教师无法控制（1—2分）	课堂秩序井然，师生之间、生生之间有交流（3—4分）	师生互动、生生互动强烈，课堂讨论热烈，教师课堂组织能力强（5—6分）
总分		1—2	3—4	5—6
评价		C级（差）	B级（良）	A级（优）

根据初步形成的评价方法，课题组成员对其他的开放性课堂均建立了相应的评价标准。开放性课堂评价体系，可以对课堂进行量化，对开放性课堂的构建与发展起到了非常重要的作用。但是也有弊端，即为了"开放"而开放，出现了无效"开放性课堂"。

②地理实践力评价

地理实践力评价是指学生在开展地理实践活动过程中，评价者依据一定的评价项目，遵循一定的评价标准，运用定性与定量相结合的评价方法，对学生的地理实践力水平和层次进行分析判断的过程。地理实践力的类型多样，主要包括地理观测能力、地理调查能力、地理实验能力、地理制作能力、地理仪器操作能力及综合能力等。根据不同的教学目的可培养不同方面的地理实践力，根据实际情况进行评分。

根据《普通高中地理课程标准（2017年版）解读》给出的地理实践力的评价要求及考查的维度，再结合学校、学生等实际情况，在完成高中地理实践力要素表的基础上，笔者做了进一步细化，制定出以下在实际活动中可对照参考的地理实践力水平评分标准。考查者可重点关注学生某一方面的地理实践力表现情况，再给予评分。（如表2）

表2 地理实践力水平评分表

地理实践力的主要关注内容			评分
搜集和处理信息能力	1. 搜集和处理地理信息所应用的方法	是否能够从多方面获取海量信息并且能筛选及快速检索，使其成为有效信息。	
	2. 信息意识	能否从复杂的现实世界中发现地理信息，并进一步取舍、概括、分类等。	
	3. 问题意识	能否提出质疑、批判，唤起好奇心和想象力并产生创意。	
设计地理实践活动方案能力	4. 合作态度	能否以团队的形式顺利完成任务，是否能团结协作，与他人交流分享。	
	5. 设计创意	能否从问题出发设计地理实践活动方案，有目标、有步骤，并且方案切实可行。	
	6. 工具使用	是否会选择合适的地理工具，尤其是选择合适的地理信息技术，分析、判断地理问题，寻找解决方案。	

(续表)

地理实践力的主要关注内容			评分
实施地理实践活动的能力	7. 实施活动	能否根据设计方案实地操作完成地理实践活动。	
	8. 体验和反思	能否在实践活动完成后的总结性思考或是进一步思考中弥补弊端，以备下一步行动。	
9. 是否顺利完成地理实践活动任务			
总分			

考查一共划分有九个维度，每个维度都可以参考新《课程标准》中的地理实践力水平划分标准评分：水平1（1分）、水平2（2分），水平3（3分），水平4（4分）进行评分。是否顺利完成地理实践活动任务（4分），再取总分。然后根据下表（表3）评判其地理实践力水平的等级。这需要在使用中进一步修改完善。

表3 地理实践力水平等级表

水平1（较差）	水平2（中等）	水平3（良好）	水平4（优秀）
1—9分	10—18分	19—27分	28—36分

地理实践力作为地理学科的核心素养之一，既内化为隐性的素质，又外显为具体的行为；既是一种意识、态度和品质，又是一种表现、能力和行为。开展某项地理实践活动时，根据上述评价体系，可测评学生对该项地理实践活动表现出来的大致的地理实践力水平。

跟踪测评是将学生课前和课后的地理实践力进行分析评价或者经过一学期，甚至一年再对学生进行分析评价。通过一年多的跟踪测评，学生的地理实践力均有不同程度的提升。

6. 充分利用课程基地平台，组织开放性课堂，培养学生地理实践力

基于学校大力支持课题研究，围绕校内外课程基地，突破传统的封闭的教学环境，构建开放性课堂。课程基地的创新教学环境，有利于教学重难点的突破，促进学生的学习能力。同时，该基地具有鲜明的培养学生地理实践力的特征。学校课程基地配备模拟气候大会会场、矿物标本室、地理实验室、天体运动观测室、地形地貌模型室、植物园、地理制作室、多媒体信息技术教室等。

以生态地理为主线，以学生活动为主题，实施构建开放性课堂，培养学生地理实践力。课题组成员合作编写了七本校本教材，拓展了地理知识，开阔了学生的眼界，为今后课题的研究及在地理教学中培养学生地理实践力，创建了良好的环境和实践的平台。结合江苏省前瞻性课改活动，开设校本课程，课题组成员在开放性理念的引领下，积极开展地理活动，丰富地理教学内容、设计地理教学课堂、创设地理教学环境。基于该平台，课题组成员开展了丰富多彩的校内外地理实践活动。

（1）校园水环境检测

为了完成校园水环境检测的实验，我为学生制定了任务单：①要求学生检测校园内河流、景观池、雨水的部分成分，并分析原因；②要求学生分组采集校园内河流、景观池、雨水三种水；③检测校园内河流水、景观池水的水质，检测雨水的 pH 值。为实践该项实验，我还特地请了化学老师现场指导，学生基本完成了实验任务，还对校园水质作了评价。该项活动不仅让学生了解了校园内水质以及雨水的酸碱度，还培养了学生的观测能力、实验能力、动手操作能力以及综合分析能力。

（2）开展地理制作课程

每周的校本课程中均有地理制作课程。在该节课中，课题组成员每次都会围绕某个主题开展制作课程。如各种地貌模型的制作、三圈环流图的模型制作、地图的绘制等。比如，在三圈环流图的模型制作中，首先让学生准备一个球，然后让学生思考三圈环流的原理，再让学生在球上绘制，最后做好各种标签，将立体的三圈环流模型制作出来。通过模型的制作以及模式图的绘制，学生不仅加深了对地理原理的印象，还提高了地理制作能力、综合分析能力以及合作探究能力。

（3）共建植物园

课程基地外围有大片的空地，专供学生建设菜地和花圃。将有兴趣的学生组成社团，为自己的植物园规划、设计。学生首先要了解所选植物的习性，然后学生自己采购种子或幼苗，将其种植于植物园内，定期观测、记录，根据植物的习性精心培育。不仅如此，学生们还向农民、园艺师等咨询了农作物和鲜花的培养问题。学生通过建设植物园，进一步了解了某些植物的习性，因地制宜进行种植，培养了学生的综合分析能力、动手操作能力、观察能力。

（4）模拟气候大会

课程基地内有一个模拟气候大会的场馆，学生可举行模拟气候大会的辩论活动，模拟发达国家和发展中国家就全球气候变暖的问题展开辩论。课题组教师在学生辩论前做出了以下安排：①将学生分组，分为发达国家和发展中国家；②让学生搜集所归属的国家的资料，确定所在团队的立场；③就团队各自的立场，小组合作探究，并分析总结；④两团队开展辩论赛。通过上述辩论活动，学生的地理知识、调查研究能力、合作探究能力、综合分析能力、思辨能力、语言表达能力都有了很大的提高。

7. 充分利用区域资源，组织开放性课堂，培养学生地理实践力

学生在校内学习，时间、内容、环境毕竟有限，而常熟市拥有丰富的资源可供学生调查、研究，如虞山、尚湖等自然资源，常熟气象观测站、污水处理厂、发电厂，等等，都能成为学生的学习场所，丰富学生的实践活动。

（1）虞山地质、生物考察

常熟市有座虞山，虞山不仅可以为学生提供地质考察资源，还有丰富的生物资源。课题组成员每学期针对不同的考察目标对虞山进行考察。比如，课题组成员组织学生进行虞山的地形地貌考察，要求学生搜集资料，实地考察，虞山的地形分布特点，从虞山不同的方向登顶，考察虞山的坡度，虞山交通线的分布与地形地势的关系。同时，让学生对虞山的植被、动物做了考察研究以及文献调研，学生们对家乡虞山有了更进一步的了解。实地考察培养了学生的观察能力、调研能力以及综合分析能力。

（2）调查气象观测站

课题组成员组织学生去常熟市气象观测站进行气象观测分析调研。气象站的负责人为学生们专门讲解了气象观测的专业知识，学生通过实践学习，了解到了气象观测的方法和基本程序并做了相关的现场记录。通过学习，学生掌握了气象观测的方法，培养了操作仪器的能力、观测能力以及综合分析能力。

（3）污水处理研究

常熟市有一个污水处理厂，专门处理废水，将净化之后的水用于周围湿地的灌溉。课题组成员组织学生参观了污水处理厂。负责人介绍了污水处理的过程、原理，学生们做了相关的记录和研究，并且对污水厂的选址、污水的来源以及周围工厂等做了专门的调查研究。通过此项研究，学生了解了污水处理的原理，提升了社会调查能力。

（4）资源调查研究

常熟市内有丰富的资源可供学生开展调查，课题组成员多次组织学生开展常熟的各类资源调查。比如以《关于常熟市的旅游资源现状调查》为例，先确定调查内容和目的，将学生分为四组进行分组调查，分别调查常熟成东南西北的旅游资源。可在前期绘制好常熟的地图，调查之后再进行标注。根据各个旅游景点设计相关的调查问卷，如旅游景区、旅游特色、旅游方式、旅游线路、客流量、目前状况、面临困难、改善措施等。通过旅游资源的调查，学生可掌握目前常熟旅游资源的现状，对其进一步分析研究，如针对旅游中出现的一些问题进行关注和妥善处理等，并且还可以根据旅游资源的分布，设计常熟一日游、二日游的线路。学生们大概花了一个学期的时间完成了该项任务，从中不仅认识了家乡的旅游地理，还培养了自身的调查能力、综合分析能力等。

(5) 试题编写

在学校，学生做题已是常规任务，不少学生可能已有倦怠。为了让学生换一种做题方式，我们让每位学生节假日回家自编一组题目，可以是选择题，也可以是综合题，不少学生还是非常有积极性的。之后，教师将题目整合，让学生练习，再让学生讲评，学生的积极性大大提高。多次开展此项活动，不仅让学生在找题目时意识到材料和地理知识的联系性，在编题目时也能拓展其思维，增长其见识，意识到平时的易错、易混淆之处，同时也为枯燥的高三习题加些调味品，促进学生搜集资料能力、综合分析应用能力的提高。

8. 多种形式组织开放性课堂，培养学生地理实践力

在课内，地理实践活动毕竟有限，因此，课题组还为学生补充了课后的实践活动，比如参与研学旅行、项目化学习课程、社会调研、调查研究、旅行手记等，让学生根据自身条件及兴趣爱好，自由选择实践活动，丰富了学生的课后生活，开放了学生地理实践的内容及空间。

(1) 研学旅行

2018年6月，学校组织课程基地社团部分学生参加北京研学旅行活动。从繁重的学业里抬起头来，走出学校，走在路上。在研学活动中，学生参观了各类名胜和名校。比如，在参观故宫时，大殿前有一日晷，教师要求学生就地理原理研究日晷的设置、使用方式、如何计时等。学生在参观故宫时还提出了很多关于地理的问题，同学之间相互合作、探究，培养了学生的合作精神、质疑能力以及分析研究能力。学生根据这次的研学还记下了自己的感悟，编写成校刊《旭轮》。

2017年7月3日至7日，课题组成员徐老师研发并优化为期5天的暑期综合研学旅行课程。开放性课程意识下开发的研学旅行，立足地理实践力，以提升学生发展核心素养为宗旨，研学重点则因研学内容有所侧重。如"无锡—宜兴—连云港—五莲综合研学旅行"课程，课程以学生发展核心素养作为研学目标，从地方地质地貌切入，以探究水蜜桃、紫砂、海洋水产及运输、花岗岩石材等地方产业为载体，引导学生思考地方特色经济现状、环境问题与可持续发展。

研学旅行中，课题组重视开放性课程中真实情境对于学生问题意识养成的意义。

研学课程中结合研学任务单安排了每日晚间讨论，带队教师引导学生从观察到的现象中发掘出有研究价值的问题来，并在研学旅行结束后进行进一步研究。其中，链接研学与国家课程的学科融合小课题"探秘紫砂"获得2018年度园区综合实践活动展评一等奖、苏州市一等奖的好成绩。

（2）项目化学习课程

"项目化学习"是学生围绕着一个具体的学习项目，在实践体验、内化吸收、探索创新中获得较为完整而具体的知识，形成专门的技能和得到一般发展的学习。项目化学习具有学习情境的真实性、学习者的主体性、学习内容的综合性等特征。流程一般包括项目选择、方案制定、实践探究、成果制作、展示交流、评价反思，其最为突出的育人价值在于知识的融通与应用以及可迁移的解决问题的大概念思维。地理实践力是在地理实践活动中表现出的意志品质和行动能力，主要包括收集和处理地理信息的能力、设计地理活动方案的能力、实施活动的能力以及活动过程中表现出来的科学精神、意志品质。项目化学习是一种学习方式，地理实践力是地理学科需要培育的一个核心素养。通过比较，我们可以看出两者的相同点有：①在价值诉求上都是在培育学生在未来工作和生活中必备的能力素养和道德品质；②在学习情境上都是倡导在真实的自然、社会环境中获得成长；③在学习方式上都是强调自主、合作和探究，通过体验—反思、交互—整合的机制发展素养；④在评价方式上都是注重表现性评价，关注学生在实践中表现出的策划、实施、合作、创新、意志等能力和品质。从以上分析中我们认为，项目化学习作为一种学习新样态，它最大可能地承载"综合"与"体验"。项目化学习与地理实践力的培养有着先天的融合基础和后天的发展潜力。项目化学习可以为地理实践力的培养打破学科、空间等方面的界限，在开放的地理大课堂中提升更高阶的思维，转化为更持续的学习实践，拓展更广泛的知识融合，培育更适合在未来生存的综合素养。课题组成员武老师多次开设项目化学习课程《高中地理劳动教育项目课程的开发实践——以无锡赏石园讲解员职业角色体验》《无锡市南泉村级自然聚落名称研究》《正午太阳高度角探究》《校园平面地图的绘制》《太湖高中垃圾分类调查与提升对策》等，形成了比较成熟的地理项目化学习课程体系。

（3）旅行手记

不少学生假期会选择外出旅行，在旅行中，能够看到、学到不少教材上学不到的地理知识。因此，教师应借此提前做好正确引导。在学校，教师提前指导学生学做旅行记录，要求有条件的学生在旅途中以地理的视角记下所见、所想，并且回家后做好总结，使得学生在旅行中不是粗略地走马观花，而是更加细致、深入地进行观察、研究，不仅增强了地理实践力,有利于地理学习,对旅行本身也是一件非常有意义的事情。

(4)矿石采集

学校里有不少外地的学生,有的学生家乡有矿区,为了采集和研究矿石,课题组教师给学生们布置了活动单:绘制矿区位置、找到矿石、研究矿石特点、研究用途。学生根据活动单,做了细致的观察和研究,并邀请专家讲解,同时学生对矿区周围的环境也做了简单的描述和记录。目前课题组成员徐老师正在开发《矿石之美》特色课程,以"矿石爱好者"社团学生为主体进行了题为"南方诗文中的青石板意象"的融合了语文、地理、地质等学科的项目化学习。文献梳理、课堂研讨、深情诵读体悟,学生在教师指导下分组开展自主学习与研究,并收获了质量较高的项目作品与项目汇报。2019年7月5日至10日,徐老师组织学生参加了"浙江江山综合研学旅行"课程。课程以江郎山的丹霞地貌为依托,以金钉子地质公园、三叶虫化石与萤石矿为切入点,实践了以地理、生物、化学、美术、信息、语文等跨界融合的研学旅行。

四、成果与结论

(一)研究成果

1. 理论认识成果

(1)对课题研究的意义和价值更加明晰

通过四年多的研究,课题组加深了对课题研究的意义和价值的理解,坚定了课题研究的信心。

①课题研究意义

a. 突破课堂束缚,树立开放理念

开放性教学在20世纪70年代由日本学者首先提出。之后,英国、美国、德国、加拿大、荷兰等国相继出现了"开放教学""开放式教学""开放性的问题教学""开放的课堂"等教学的思想和实践。大多研究者从教学理论或实践的角度,主张教学要突破课堂空间的束缚,树立开放的思想观念;强调兴趣性、自主性、独立性;师生、生生之间的交往与互动、合作;创新意识、创新思维和创新能力的培养;课堂教学的民主思想和民主意识,重视学生主体性地位和学生的实践等。

b. 创设开放情境,构建开放性课堂

伟大的教育家苏霍姆林斯基的教育方式是开放的,他把孩子们带到大自然中,通过童话、幻想和游戏,引导他们进入周围的世界。他曾经在实践中帮助学生成立各种各样的活动小组,让孩子们每天都发现一点新东西,让学生"所走的每一步都成为走向思维和语言的源头"。他说过:"学生应当拥有同花费在课堂上一样多的自由支配的时间。"因此，课题组成员各司其职，发挥特长，共同开发了相对比较成熟的开放性课堂：跨界课堂、研学旅行、多媒体信息技术课堂、项目化学习课程、学校课程基地活动课程和学生自主研发课堂等课堂模式。

c. 提高实践能力，培养合作精神

英国地理教学专家提出：在地理课堂教学实施过程中，教师应积极地创造机会，充分开展各种地理实践活动，如角色模拟、演示实验、地理练习等，让学生自主发挥，合作讨论，深入探究，以提高学生的实践能力，培养合作探究的精神。

d. 重视地理体验，地理学科生活化

美国的课程目标非常重视学生的地理体验。在《生活化的地理学：国家地理标准1994》中要求学生在体验中获得地理知识，形成地理能力和地理观点，而不是通过文字符号系统地学习地理知识、地理能力和地理观点。《课标》中把地理技能分成：提出地理问题、收集地理资料、组织地理资料、分析地理资料、回答地理问题五个步骤的能力。要求学生围绕"生活中的地理"来开展地理研究。

我国伟大的教育家陶行知先生提出"教学做合一"是生活教育理论的基础，是"生活即教育"在教学方法上的具体化。他主张"人的生活就是人的教育"，"社会就如同学校"等。这些主张阐明了人的知识来源于现实生活，来源于社会劳动，而教育就是在社会和生活的大环境中，只有通过实践，才能获得新知识。

e. 培养地理实践力，提升地理核心素养

目前，教育部组织研究提出各学段学生发展核心素养体系，明确学生应具备的适应终身发展和社会发展需要的必备品格和关键能力，突出强调个人修养、社会关爱、家国情怀，更加注重自主发展、合作参与、创新实践。为此，教育部于2017年发布了《普通高中地理课程标准》，《标准》中明确提出将人地观念、区域认知、综合思维和地理实践力并列为地理学科的四大核心素养体系。地理实践力作为地理学科的核心素养之一，是学生人地协调观与综合思维能力在地理实践活动中的综合体现，也是对学生行动能力与思维品质的全面检验与培养。而当前中学地理教学中存在的主要问题当属诸如地理观测、户外考察、社会调查等形式的实践活动缺失，直接导致了教材知识与解决问题能力的脱节，影响了学生地理实践力的培养。地理实践力是非常重要的核心素养之一，但又是目前教学过程中最为缺乏的。

②研究价值

a. 有利于培养学生的地理实践力

在开放性教学理念指导下，地理观测、户外考察、社会调查、实验活动、自主探究等多种形式的实践活动，有利于促进学生在体验中、实践中掌握地理知识，有利于培养学生的地理实践力。

b. 有利于提高学生地理成绩

就目前的各类考题中，单纯的地理识记题型极少，综合应用的题型较多，开放性教学帮助学生提高地理实践力，有利于培养学生的综合思维能力，更有利于提升学生的分析、解答和应用能力。

c. 有利于带动其他三大核心素养的培养

地理核心素养包括人地观念、区域认知、综合思维和地理实践力。学生地理实践力的提高有利于加强对区域的认知及人地观念的培养，增强地理综合思维的形成，而且有助于学生交往能力、合作精神、意志力、创新能力的培养。

d. 有利于促进教师专业发展

长期以来，受工业经济时代专门人才培养模式和传统应试教育环境的影响，我国在培养教师的过程中，片面强调了专业化的学科知识的教育，忽视了教师的求异思想、创新意识和创新能力的培养，导致教师专业的创新发展普遍不足。构建开放性课堂，无论是地理学科研究，还是学生合作学习，由于教学模式在多方面足够开放，大大拓展了师生在知识、方法、技能方面解决问题的思维空间与行动空间，有利于教师、学生应对和解决复杂现实问题，促进教学创新。

（2）对培养学生地理实践力的理性思考

①构建开放性课堂的重要性

以开放性教学理念来构建地理课堂，以培养学生地理实践力作为教学目的，两者相互融合，相得益彰。在开放的教学理念指导下，才能有开放的教学行为，学生地理实践力才能得到更好的培养。

②提升学生地理学习兴趣

通过开展地理实践活动教学，提升学生学习地理的兴趣，学生能自主探究身边的地理问题，在学习过程中体验地理学习的乐趣，以达到学业成绩与地理技能双提升的效果。

③提高学生实践研究能力

尝试开展地理实践活动教学，提高学生的地理动手操作和分析研究能力，培养学生与他人相互合作的精神。

④学生善于研究地理现象

长期的地理实践力的训练，结合开放性教学模式，使学生能够善于发现身边的地理现象，善于观察、操作、分析、研究，提升了学生的地理素养，学生自身的发展也会终身受益。

⑤教师自身不断学习提升

在构建开放性课堂的过程中，可以让地理教师充分展现自己的专业素质和潜能，同时也让地理教师发现自己某些方面的不足，从而促进地理教师自身的不断学习，以提升个人的业务素质，促进地理教学水平的提高。

（3）初步形成培养学生地理实践力的教学模式

这一模式确立了"以《普通高中地理课程标准》为指导，以开放性教学理念为引领，以名师工作室为抓手，以课程基地为平台，以校本课程为依托，以课后实践为补充，以培养学生地理实践力和提升教师专业素养为目的"，不断尝试构建跨界课堂、多媒体信息技术课堂、研学旅行、项目化学习课程、课程基地活动课程和学生自主研发课堂的开放性课堂的教学模式，促进师生综合素养的提升。（见图6）

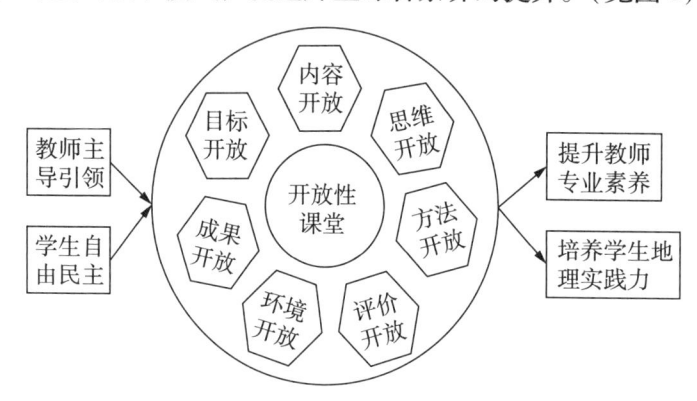

图6 开放性课堂教学模式

2. 实践成果

（1）提供教学管理和理论保障，形成了独特的开放性教学活动。

开放性课堂重点在于突出开放性，课题组成员尝试开发了多种开放性教学活动，构建了丰富多彩的开放性课堂。

①跨界课堂

结合学校省前瞻性项目的研究，课题组教师在跨界课堂的构建上也有了不少跨界学科的视野，不断尝试开设跨界课堂，在实践中总结出四种具有校本特色的跨界课堂（见图7）。

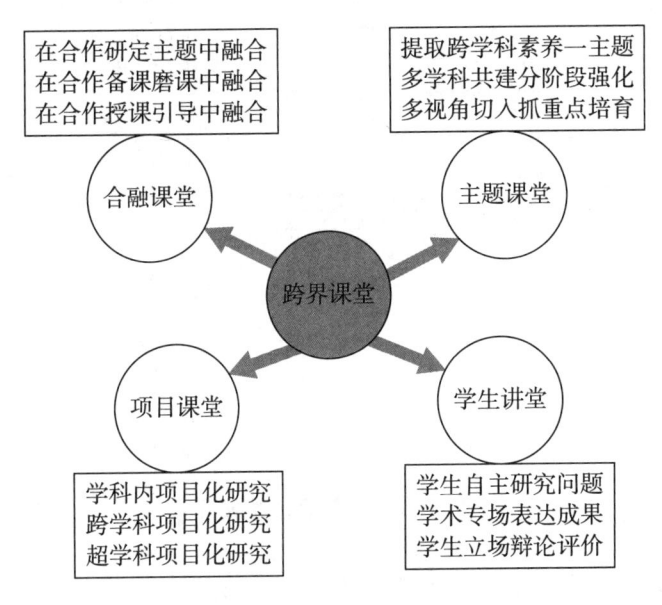

图7 四种"跨界课堂"模式

一是合融课堂。各个学科教师在合作研定主题中融合，在合作备课磨课中融合，在合作授课引导中融合。

二是主题课堂。针对不同的跨学科素养，在一个阶段有重点地就同一种素养进行合作培育。例如，组织英语、语文、地理、历史、政治、美术等学科教师围绕"国际理解"这一素养，要求进行同一时段的集中授课，"殊途同归"，拓宽学生的国际视野。

三是项目课堂。在课堂中组织学生以项目化学习的方式开展活动。项目化学习从驱动性问题到获得研究成果，是以关键概念或能力为载体，整合跨学科的学习与思维。在实践操作过程中，我们进行学科项目化学习、跨学科项目化学习、超学科项目化学习等不同项目课堂的层级。

四是师生讲堂。师生讲堂是由教师指导、学生主导的"课堂"。学生通过对科学热点问题或感兴趣的社会问题进行研究后，在学生讲堂上表达其研究成果，并与台下的听众（其他学生）进行对话。学生的话题与研究超越了学科范畴，具有综合性的特点。教师在对学生的指导及参与学生的"课堂"中扩展了视野，提升了能力。

②多媒体信息技术课堂

《普通高中地理课程标准》中指出"现代信息技术要改变学生的学习方式，使学生乐意并有更多的精力投入到现实的探索性的学习活动中去"。因此，多媒体信息技术的使用是教学发展的必然趋势，是新课程改革的必然产物。目前研发的开放性课堂主要应用的多媒体技术主要是四个方面。（如图8）

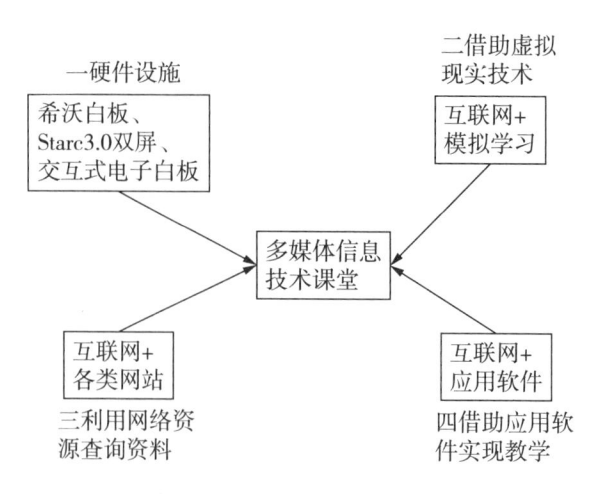

图8 多媒体信息技术应用

一是课堂教学的硬件设施，它是实现多媒体信息技术课堂的载体。目前不同的学校教学硬件设备各有不同，若要实现较为开放的、互动性强的课堂，需要的硬件设备还是比较高端的，尤其是交互式的，或是多屏展示的，不仅需要呈现多个屏幕，而且学生也需配备学生端平板，师生互动性强。不仅如此，该设备还可实现即时评价，使得评价更具有针对性和互动性。由于设备功能强大，对教师的能力要求也比较高，需要有较为熟练的操作技术和课堂组织能力。

二是借助虚拟现实技术。比如通过 VR、AR 技术模拟现实，或是通过计算机模拟技术实现地理规律的再现，通过这些方式方法让学生实现模拟学习。

三是通过网络资源，查询资料。比如借助中国气象网站查询即时的卫星云图，了解风场信息，让学生认识天气系统。

四是借助应用软件实现多媒体地理教学。比如借助 Google Earth 软件可以让学生对区域有一定的认知，通过查询、使用等功能，培养学生的地理实践力，同时还能培养其他的地理素养。

③研学旅行

教育部等多部推行中小学研学旅行目的是要将其"纳入中小学教育教学计划"，逐步建立一整套相应的课程体系。课题组基于这一指导思想开发的"研学旅行中的开放性课堂"一般模式（如图9），提倡在研学旅行中以地理学科及地理实践力为核心，重构并融合地理、美术、生物、物理、化学等多学科相关的知识，用一系列主题式活动打破学科界线，引导学生探索完整的知识世界与生活世界，激发学生敬畏自然、热爱自然、热爱生活的情感，实现关爱自然及人类生存环境的愿景。

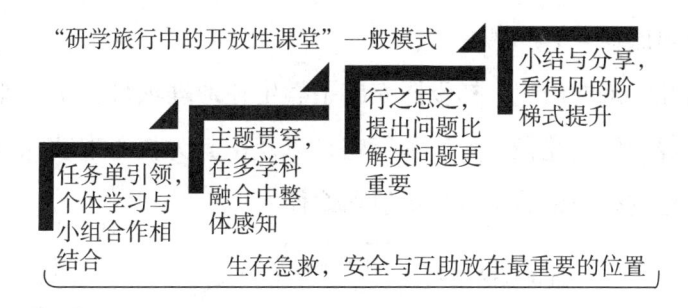

"研学旅行中的开放性课堂"一般模式

任务单引领，个体学习与小组合作相结合

主题贯穿，在多学科融合中整体感知

行之思之，提出问题比解决问题更重要

小结与分享，看得见的阶梯式提升

生存急救，安全与互助放在最重要的位置

图 9

一是任务单引领，个体学习与小组合作相结合。

建翻转课堂，出行前团队各科教师分工合作制定研学任务单，学生一路在任务单的引领下主动观察，并结合已有的知识储备进行思考、分析。任务单的难度高低兼有，人手一份，既有要求自主完成的，也有需要小组合作解决的。

二是主题贯穿，在多学科融合中整体感知。

以地理学科为核心，在真实情境下，围绕某一研学旅行主题展开自主研学。用写生素描任务促进学生的主动观察，用理化生等科学小实验辅助判断，在现场考察、采访，从各个角度搜集资料，从自然和社会经济因素两大方面分析讨论地理现象，立体、全方位地感知和研究某一地理事物。

三是行之思之，提出问题比解决问题更重要。

基于每日研学中的观察与交流，在每日分享活动中要求每个小组提炼一两个有价值的问题进行展示，展示中要说明如何提出这个问题的，尝试过或准备尝试怎样的思路和方法去解决，目前结果如何。善于发现和提出问题，能够制定合理的方案解决问题，对于孩子创新思维的培养是大有裨益的，同时也是我国学生核心素养培养的重点之一。

四是生存急救，安全与互助放在最重要的位置。

研学中要求每位教师和学员必须学会户外自我保护常识。每次出行中由专职安全老师提供生存急求培训，教会学生在必要时能够自救和互救，抓住每一个契机强化学生珍爱生命的意识。

五是小结与分享，看得见的阶梯式提升。

研学中，每天晚饭后的时间以小组为单位在会议室进行当日小组深度讨论和分享展示。小组学习能够增强团队协作能力，理解他人，互帮互助；展示分享，锻炼学生的演讲能力；思维导图和概念图的形式展示，让学生以地理学为核心的综合思维能力得到锻炼和提升。

④项目化学习课程

课题组通过几年来的研究，初步探究出了学生在地理项目化学习课程开发过程中地理实践力的培养价值、途径、方法和策略，以及由其为核心带动综合思维、区域认知、人地协调观地理核心素养培养的价值和途径。

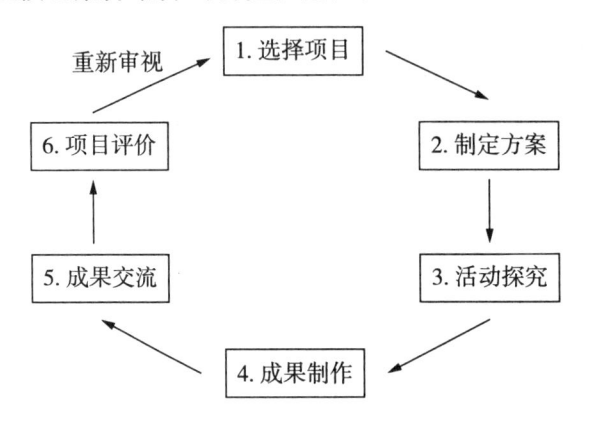

图10 地理项目化学习课程开发的操作步骤

一是选择项目。选择项目时要紧扣地理课程标准、教学内容和学生已有的经验。研究内容要关注社会生活、经济生产议题，要涵盖学科核心知识、承载学科思想方法，要真实、可操作。例如，某小组想以房价为主题进行研究，他们初次提出的项目课题是"无锡市房价变化的影响"。笔者认为这个课题大而模糊，难以操作且"地理味道"不足，于是提出了几个问题引导学生思考：研究哪种房价；是不是每个区域的房价特点都一样；将以哪些地理视角去分析房价的空间分布特征；有没有完成该项目研究的条件。针对这些问题，项目小组进行了反复讨论，最后将题目定为"观山路住宅房价空间差异及影响因素分析"。在讨论的过程中，他们认识到了地理学科研究的区域性特点，学校所在地就是观山路，周边住宅楼盘众多，为学生提供了极佳的真实的研究环境，增强了他们对身边地理事物的时空感知能力。

二是制定方案。制定方案的过程就是学生对地理环境系统动态、多角度、多层次的认识和综合分析的过程。例如，上述项目研究中就包含了三个角度的地理综合：①要素综合。影响房价的因素众多，学生不仅要考虑全面，而且要把这些要素作为统一的整体进行研究。②时空综合。房价在空间分布上具有差异，而且在随着时间变化，这就需要学生从时空综合的角度分析其发生、发展和变化。

③地方（区域）综合。学生以观山路周边的房价为研究对象，要分析区域各要素对观山路周边房价特征形成的影响，给出合理的地域性解释。因此，在学生制定研究方案时，教师要重点引导他们充分运用地理综合思维来深入分析研究内容，理清各部

分之间的逻辑关系，促进学生地理综合思维素养的发展。

  三是活动探究。探究活动是学生在自然、社会等真实情境中通过考察、实验和调查等方法解决问题的过程，它是项目实践中培养地理实践力的重要环节。培养地理实践力要着眼于行动能力和意志品质的提升。例如，由于学生之前没有项目开发的经验，他们在实践活动中遇到了很多知识、能力和人际交往上的困难，甚至表现出想放弃的念头。我们一方面鼓励他们要坚持不懈、勇于挑战自我，另一方面对他们进行必要的技能指导。最后他们相互合作、克服困难，很好地掌握了社会调查的一般行动技能，通过问卷调查、个人访谈、实地观察、制表绘图等方式完成了对房价的调查，实现了自我突破、自我成长。

  四是成果制作。项目学习成果制作的过程就是学生总结反思、感悟地理学科思维方法和情感态度的过程。我们要关注学生在成果制作中对地理知识、思维、能力和价值观的融通理解。学生在撰写成果报告时，我们引导他们从课题背景、区域房价特征、实践调查过程、房价空间差异影响因素，分析、生态环境对人们购房的影响等方面进行总结，让他们理解地理综合思维和地理实践是揭示区域地理要素相互作用机理、增强区域认知的重要支撑，并从人们对改善居住环境的强烈愿望中感悟人地协调发展的重要性。

  五是成果交流。我们一方面将学生的文字作品成果打印出来后，在专用的橱窗内进行展示，另一方面是利用课堂举办项目课程开发报告会，各项目小组以制作的PPT和撰写的研究报告为依托，展示和讲解开发过程、遇到的问题、解决方案和开发成果。成果交流的过程就是其他小组学生学习的过程，以此来弥补他们未选择的项目课程所涉及的知识。因此，在成果交流中需要鼓励他们以学习者的角色向分享者提出疑问。

  六是项目评价。在该环节我们采用答辩会的形式进行。答辩问题的设置是根据对学生项目化学习过程的评估，聚焦地理核心素养的生长点。每个学生在项目实践中可以不断积累相关的素养发展证据，基于这样的素养发展证据就可以形成他们的素养答辩。例如，笔者的问题有：你们重点解决的问题有哪些？该问题是了解学生基于地理综合思维对影响房价的因素进行分析的能力。再如问题：你们在研究中遇到了哪些困难，是如何解决的？该问题是为了了解学生的行动能力和意志品质的发展情况。教师也可以针对成果报告中某些模糊不清或者不够准确的地方进行提问，以帮助学生进一步提升思维能力。教师在学生答辩后要从过程和结果两个方面来评价，应做到：重过程、重方法、重体验、重规律、重创新，要宜粗不宜细、宜多鼓励少批评，这样才能使评价落实在促进学生核心素养发展的目标上。

⑤课程基地活动课程

通过省前瞻性项目和校本课程教学活动在学校定期开展，丰富地理教学内容，多途径地开展地理实践活动，更好地促进学生地理实践力的提升。

学校定期开展课程基地社团活动，比如组织生态地理监测团队到常熟某污水处理厂开展监测活动；组织地理考察团队开展虞山地质考察；组织气象监测团队开展气象监测等活动。多次外出观测和考察，提高了学生的地理实践力。

⑥课后实践活动

学校的地理教学时间毕竟有限，因此利用课余时间要求学生自行开展地理实践活动，如调查研究、旅行手记、试题编写等，学生的地理实践研究硕果累累。

（2）教学初见成效，学生的地理实践力有所提高。

课题的研究重点在于提高学生的地理实践力，这是地理素养的重要组成部分。通过四年多的教学研究和教学实践，学生在地理素养上都有了很大的提升。一方面丰富了知识体系，提高了地理的学习效率，也提高了学习成绩。

（3）加强地区之间交流与研讨，产生了一定的影响力和辐射力。

通过名师工作室活动，我们课题组成员不仅有机会外出参加听课、研讨活动，也可以向外开设相关培养学生地理实践力的开放性课堂展示课及专题讲座。另外，我们课题组多位成员还与其他学校交流开课，将培养学生的地理实践力的教学理念传播到其他学校和教师。通过"走出去""请进来"等方式，课题组将课题研究成果有效地进行辐射，产生了一定的影响力。

（4）教师发表论文，学生形成实践案例集。

通过课题组建设，教师以开放性教学理念为理论指导，以培养学生地理实践力为目的，不断进行理论学习和课堂实践，形成了独特的教学模式，并且及时总结经验，发表了30多篇论文及专著。其中有关地理实践力的论文有6篇，关于跨界课堂的论文有6篇，关于研学旅行的论文有3篇，关于项目化学校的论文有3篇，关于多媒体信息技术课堂的论文有3篇。学生在实践过程中也形成了案例集锦如《旭轮》、调研报告等。

（二）研究结论

1. 开放性课堂是今后的地理教学模式之一

教育部制定的《中国基础教育课程改革指导纲要》指出："课程是一个历史范畴，课程目标、课程结构、课程内容都将随着时代的发展而变革。"开放性课堂也应运而生。构建开放性教学模式，实现了教师的点拨和启迪，学生的生成和发展。在具体实践上，则是采取多层次、多角度的做法，不受传统程序、格式的限制。以开放性的教学理念为指导，突破时间和空间、教材和教法、心理和生理等方面的局限，全方位地从"封闭"走向"开放"。

2. 培养学生的地理实践力是课改之后地理教学重点之一

课程基本理念中提到"创新培育地理学科核心素养的学习方式。根据学生地理学科核心素养形成过程的特点，科学设计地理教学过程，引导学生通过自主、合作、探究等学习方式，在自然、社会等真实情境中开展丰富多样的地理实践活动"。立德树人是根本任务。切实将地理学科核心素养贯穿在地理课程的设计和实施中。在地理学科内容方面，要充分体现地理学科的本质和价值，展示其核心思想和独特视角。在学生发展方面，要密切联系学生的生活经验，让学生在自然和社会的大课堂中学习对其终身发展有用的地理"。

3. 开放性课堂的形成有利于促进教师的专业成长

课题的研究伴随着开放性课堂的构建与开发，在四年多的时间里，课题组成员开发了多种类型的开放性课堂，形成了较为成熟的地理课堂教学，结合课标要求，完成了各类教学任务。不仅弥补了原先地理教学的不足，也进一步形成了各自不同的教学风格和新的教学模式。该课题具有等级高、教师参与面广、对学校发展影响大等特点，能更好地激发广大教师参与的热情。教师们积极参与，潜心钻研，形成了各项研究成果，有力促进了教师在课题研究实践中的专业成长。

4. 开放性课堂的评价体系的建立有利于进一步完善课堂教学

为了能够正常开展开放性课堂，制定合理的评价体系是非常必要的。由于开放性课堂有好几种模式，设计的评价体系也应有所不同。以跨界课堂为例，在创设真实情境的同时，还应该制定合理的分级评价。跨学科素养和学科素养的内涵并不一致，因此不能完全照搬核心素养的评价方式。为了在关注学科素养的同时，能够更加关注学生解决真实、复杂问题的能力，关注学生整体解决问题的能力，关注学生的学科融通能力，关注学生在学习、实践过程中的行为表现及相应的态度、精神、意志等跨学科素养，教师应在课堂上注重过程性评价和表现性评价，即时打分测评，给予量化，并设置权重进行科学评价，打造全新的跨学科素养评价新样态。

5. 地理实践力评价体系的建立有利于进一步完善学生地理核心素养的评价

地理实践力是高中地理四大核心素养之一。高中地理课程实施地理实践力测评一方面是新《课程标准》的明确要求，符合地理核心素养的培养，另一方面也是开展地理实践活动的保障和归宿。评价体系缺失，评价标准不够明确、难以量化，或者评价体系过于复杂，是地理实践活动难以在高中推广的重要原因。地理实践活动的形式多种多样。根据新《课程标准》，结合课堂实际情况，相关的地理教学内容，以及学生地理实践活动场所多元化等因素，课题组成员将地理实践力的评价要素进一步细化，制定具体的、有操作性的地理实践力评价的要素表和地理实践力水平评分表，在理论和实践中不断推行和修改，形成了相对完整的学生地理实践力评分标准，不断深入推进学生地理实践力的培养。

6. 开放性课堂可以对学校基础教育改革产生系统的影响

学校基础教育是培养学生和发展教师的系统工程。开放性课堂以教学为主线，不断加强教师与学生的联系，师生关系有了全新的发展，不仅仅局限在"教师教"和"学生学"的关系上，教师、教学和学生形成了和谐发展的共生关系。开发丰富而有特色的课程资源和新型课程，实践了以跨界课堂为代表的新型课堂，构建了教师专业成长新的发展中心，学生地理成绩和地理素养同步发展，形成了教师、学生实践创新的有效路径，这些都对新型基础教育改革产生了系统而深远的影响，形成了"一主线，二双赢，三和谐，四发展"的良性教学理念。

六、反思与展望

本课题研究可以说是困难重重，课题实施面临观念困境、知识困境、资源困境、实施困境、效益困境。一是培养学生地理实践力缺乏可借鉴的基本经验和蓝本，且研究内容比较宏大，涉及内容广。二是构建开放性课堂需面临高考的压力，课题组成员身处重点高中，教学压力大，开放性课堂的教学模式的尝试也具有一定的风险，因为其与短期的考试成绩不直接挂钩。三是课题组成员数量大，且分散在不同城市，组织管理比较困难，在高中阶段教师缺乏开放性课堂组织活动的理念基础、空间基础与时间保障。四是开放性课堂和学生地理实践力的评价是个难点，即使设计了量化标准，但是也难以准确评估。

但我们也有研究的优势，一是有研究基础，主持人和课题组核心成员具有较强的研究能力。二是学校的大力支持，学校把这个课题作为学校的主课题来看待，为推动课题的研究，本课题在学校的支持下申报了普通高中课程基地、省级前瞻性项目，学校组织了教研共同体并拨付活动经费，学校也鼓励课题组成员培养学生地理实践力，进行开放性课堂教学尝试，避免了后顾之忧。三是省市各级教研部门的大力支持和指导，使我们在遇到困难时还能继续推进，使我们的研究少走了许多弯路。在专家的指导中，我们也学到了一种科学精神和研究品质，学到了教育科研的许多方法。

在研究中，我们也深感有很多不足。一是虽有整体设计，但不够周密，不够深入，开放性课堂开发的种类有限。二是理论研究还缺少突破。三是学生地理实践力的培养并不全面，具有一定的局限性。四是评价体系并不成熟完善。目前研究的跨界课堂形成了相对系统的评价体系，但是，对于其他开放性课堂的评价体系不够成熟。对学生地理实践力的评价形成了一套体系，但仍存在明显不足和局限性。

展望基于地理实践力培养的高中开放性课堂研究，顺应了教育改革发展的需要，是有利于培养学生的地理核心素养的一种新的教学模式的尝试。但在后续研究中，需要继续完善以下研究：一是进一步完善已形成的各类开放性课堂教学，并且力求能够进一步地开发其他开放性课堂。二是进一步完善学生地理实践力的培养，拓展其宽度，挖掘其深度。三是建立更加合理有效的评价体系，对开放性课堂和学生地理实践力的评价，双管齐下。四是形成较完整、系统的素材库与发展案例集，形成学校教师专业发展的特色品牌，不断向外辐射。

第三节 专项课题研究

苏州市叶圣陶教育思想研究规划 2014 年度立项课题

地理学科实践"教是为了不教"提高学生自主探究能力的行动研究

结 题 报 告

一、课题提出的背景

（一）叶圣陶教学思想研究不断走向深入

自 20 个世纪 90 年代初特别是 21 世纪以来，随着教育改革和素质教育的深入推进，叶圣陶教育思想研究形成了一个持续发展的热潮。叶圣陶认为教与学是不断深入、不断发展的统一过程中的两个方面。他提倡变封闭性教学为开放性教学，使得学生变被动学习为主动学习，总之，教是为了达到不需要教的目的。

（二）江苏省普通高中课程改革的推进及目前存在的问题

从目前的教学现状来看，受到传统教育观念影响和现行评价体系的制约，学校普遍存在"教师强行灌输，学生被动接收"的现象。传统教育观念重在教师的教授，现行教学评价也急功近利，单纯注重分数，而较少注意学生的兴趣培养、学习过程调控、学习能力形成等。从我国课程改革发展的趋势来看，其核心目标是要强调形成积极主动的学习态度，使获得基础知识与基本技能的过程同时成为学会学习和形成价值观的过程；核心理念是在推进素质教育的前提下，转变学习方式，崇尚创造，让学生在学习中获得个性解放，倡导学生主动参与、乐于探究、勤于动手，使学生真正成为学习与创造的主人。总体而言，开展探究性学习、强化学生的探究能力成为贯穿基础教育课程改革的重要主线。学生探究能力的培养就是通过探究性学习的开展，教师带动学生在课程上开展自主探究学习，理解和掌握地理知识和技能、思想和方法，形成自主、探究、创新的意识和习惯的过程。这一目标是与叶圣陶"教是为了不教"的教育思想一致的。

二、课题的核心概念及其界定

（一）"教是为了不教"概念

叶圣陶是我国著名的教育家。20 世纪 70 年代末，叶圣陶先生针对当时教师普遍认为的课堂教学就是"一讲一听之间的事情"的错误看法，提出了"教是为了不教"的著名论断。"教"是前提、手段，"不教"是目的。所谓"教"，重点不仅是传授知识，更是启发、引导，培养能力。所谓"不教"，是在教师的引导训练下，学生拥有自主学习的能力，能独立探索实践、解决问题。这也就达到了"教"的目的。

（二）探究概念

探究是指学生用以获取知识、领悟自然界奥秘和规律所采用的方法，抑或是为领会科学家的思想观念而进行的种种活动。其核心是在现有科学原理的指导下，提出问题，然后围绕问题通过各种探究方式进行探究学习，从而实现探究活动的开展，达到探究能力的培养的过程。

（三）自主探究能力概念

在教师的引导下发挥学生的主观能动性，调动各种感觉器官，通过动手、动眼、动嘴、动脑，主动去获取知识的能力。

三、国内外同一研究领域现状与研究的价值

（一）国内外同一研究领域现状

叶圣陶"教是为了不教"这一论断在实施新课程改革的今天，依然具有鲜活的意义。叶老说得很明白："教师当然须教，而尤宜致力于导。导者，多方设法，使学生能逐渐自求得之，率至于不待教师教授之谓也。"

关于探究能力培养的教育学和心理学的理论基础所言，国外在杜威（John Dewey）、布鲁纳（Jerome Seymour Bruner）等人的实用主义和人本主义思想理论的引领下，欧美以及亚洲等地区的国家在20世纪开展一系列关于探究性学习活动和学生探究能力培养等方面的尝试，重点突出教育课程的改革，即教学模式的创新与发展。

国内关于培养学生课堂上探究能力的研究起始于20世纪80年代，在西方关于探究性学习的相关思潮引入中国后逐渐诞生，其核心思想是加强课堂中的探究性学习。此时，教师与学生的互动关系仍然是教师为主导。1999年全国第三次教育工作会议颁布了《中共中央国务院关于深化教育改革，全面推进素质教育的决定》，《决定》中特别强调了要深化培养学生的创新精神和实践能力，而这些能力的培养与探究性教学密不可分。在此基础上，探究性教学已然成为我国教育界的发展趋势，教育者分别从不同学科开始研究探究性学习课程的构建。顺其自然，我国后期的新一轮基础教育改革则全面促进了探究性学习的发展。2000年教育部颁布了《基础教育课程改革纲要（试行）》，对学生探究性学习提出了具体的要求，其中探究、自主是两个主要的特征。随后制定的各科课程标准也都把"探究学习"作为课程和教学的一个基本理念，其中《全日制普通高中地理课程标准》对地理学科的课程改革也做了界定。

（二）研究的价值

在"教是为了不教"的基础上，研究学生自主探究性学习，寻找高中地理课堂中

培养学生探究能力方面存在的问题，找出符合高中地理教育过程中提高学生探究性学习能力的主要方法和策略，达到教学目标，因此具有一定的研究价值。

四、研究的目标、内容与重点

（一）研究目标

通过课题的研究，在地理课堂中以"教是为了不教"的教育思想为指导，教师通过学生自主探究性学习，围绕课题寻找合适的教学方式、教学策略来实现教学目标。

（二）研究内容

1. 地理学科目前的问题与现状

2. 地理学科影响学生探究能力的因素研究

（1）教师教学研究

（2）学生心理研究

（3）其他外部因素

3. 地理学科实践"教是为了不教"提高学生探究能力的教学策略

（1）自主探究合作策略

（2）激发兴趣策略

（3）活动体验策略

（4）构建开放性课堂

（5）课程基地活动方案

（6）研学旅行方案

4. 地理学科实践"教是为了不教"学生探究能力评价体系

（1）制定学生自主探究能力测评标准

（2）学生定期测评

（三）研究重点

1. 提高学生探究能力的教学策略研究

2. 学生探究能力的研究

五、研究的思路、过程与方法

（一）研究思路

本课题的参与者均为学校教学经验丰富的教师，这些教师职称分别是中学一级、高级和正高级，教学研究过程差异较大，不同的课堂，方便课题组更好地获取教学的一手资料，利用名师资源，组建地理学科的教师共同体，为促进课题研究做出努力。本课题主要研究高中地理教学，通过多位教师课堂教学实践经验来分析高中地理教学现状及现阶段存在的教学问题,并寻求研究各种教学方法、策略来实现"教是为了不教"的教学理念以达到教学目标。

(二) 研究过程

2014 年 6 月—2014 年 12 月

确定研究课题,收集相关资料,认真填写申报评审书。理论学习,进行前期的研究和调查。

2015 年 1 月—2016 年 12 月

课题组成员共同讨论商榷,由学校 2 位特级教师领头,进行理论与实践的探讨,在行动中研究具体的"教是为了不教"的目标、方法和策略并制定评价体系,进行个案分析与研究。对学生探究能力定期测评,了解学生的探究能力发展情况,从而总结归纳教学目标、教学方法和教学策略与学生的探究能力。

2017 年 1 月—2017 年 12 月

课题总结。完善地理教学中"教是为了不教"提高学生自主探究能力的行动研究,撰写相关论文,并结集出版。撰写研究报告,不断总结并对外推广辐射。

(三) 研究方法

以行动研究为主,结合文献研究、调查研究、案例研究、模式构建等方法,采用课程编写、课堂观察、记录、分析以及对话交流等技术手段,根据不同的研究对象、研究内容选择最合适的方式、方法展开研究。

六、主要观点与可能的创新之处

(一) 主要观点

1. 2001 年教育部颁布实施《基础教育课程改革纲要(实行)》,标志着国家新一轮以课程教材改革为先导的中国基础教育全面性、整体性的课程改革正式开始,这是我国教育领域的一场广泛而深入的教育创新。

2. 叶圣陶先生提出"教是为了不教"。"教"是前提、手段,"不教"是目的。地理教学中,教师通过引导学生自主探究来实现教学目标。这种教学方法和策略应该是有目的、有计划、有理论指导的教学实践来实现,而不是纸上谈兵。

3. 通过教学活动,不断分析总结课堂教学。借助各种教学手段,提高学生自主探究能力,并且定期测评分析学生探究能力的发展与变化,从而实现"教是为了不教"的教学目的。

(二) 可能的创新之处

首先是观点创新。通过学生自主探究来提高学生的探究能力,从而实现"教是为了不教"的教学目标。

其次是方法创新。在研究中采用"课堂互研""内容与教法双线式研究""理论与实践相结合研究"等创新教法，对于研究地理教学方法和策略有很好的促进作用。

再次是评价创新。学生探究能力的评价体系目前还没有真正广泛应用于教学实践中，本次课题研究打破常规的评价体系，采用新式评价方法来验证学生探究能力的发展。

七、课题研究过程与内容

（一）开题以来的进展情况

1. 加强文献研究和理论学习，增强认识，构建"教是为了不教"的地理教学模式

这一阶段的研究对课题研究起着导向性的作用。通过文献研究，我们深刻理解了叶圣陶先生"教是为了不教"的教学思想。我们研究学习的文献资料有《叶圣陶教育思想研究成果新编》《教师专业发展导论》《叶圣陶教育名篇》《叶圣陶教育名篇选》《让学生爱上学习的165个课堂游戏》《给教师的建议》《重读叶圣陶·走进新课标：教是为了不教》《探究性学习教学示例》《国外科学探究能力评价研究综述》《国外评价学生科学探究能力的两种不同视角》等。另外又查阅了相关的多篇论文：《学生的科学探究能力国外的研究及启示》《高三地理复习中学生探究能力的培养》《利用STS教育培养学生的地理探究能力和创新能力》等。通过学习，课题组认识到，在地理教学过程中提高学生的探究能力，不仅是教学方法，也是教学目的。而"教是为了不教"为我们在教学研究过程中指明了方向。

通过学习与研究，课题组初步构建了课题研究思路模式，如下图：

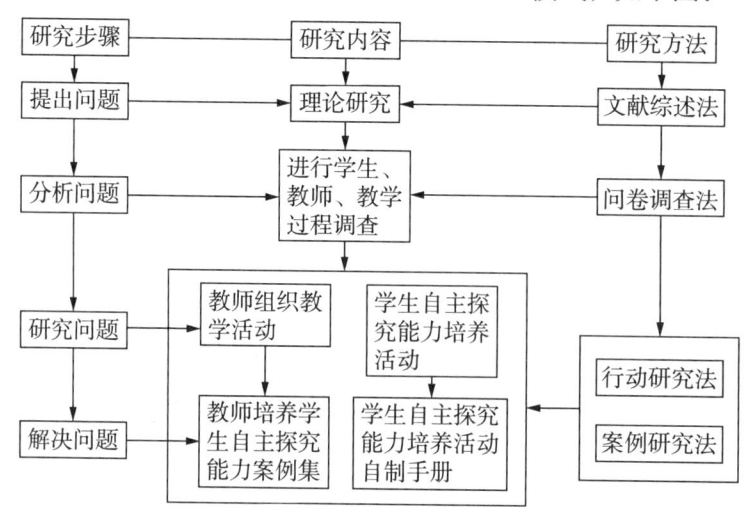

图1 课题研究思路模式

2. 为了分析研究高中学生对地理课程探究性学习情况及目前教学现状，进行问卷调查

课题组认为，要深入分析研究目前的教学状况和高中学生对地理课程的探究学习情况，必须进行学生的问卷调查。课题组成员共同设计了问卷调查表，问卷内容主要包括学生目前学习地理的意愿、兴趣、方法、成绩、时间、内容，以及教师的教学方式、教学环境等。通过问卷调查，我们可以了解到目前教师和学生教与学的状况。针对目前的状况，对症下药，制定出培养学生探究能力的方案。

3. 以名师工作室的创设与实践研究为载体，通过工作室活动，分析研究地理教学

课题组多名成员均是名师工作室成员，工作室在近几年都相继展开了地理教学研究学习活动，活动内容丰富多彩。

（1）校内外听课活动

工作室几乎每个月都会开展校内外听课活动。听课活动中，课题组成员有明确的分工：有的负责课堂记录，有的负责活动记录，有的负责学生观察，有的负责教师课堂组织情况等，为课题研究提供了第一手资料。听课之后，每位教师都会记录听课总结和心得体会，为今后的地理教学积累经验。尤其是针对该课题，组员尤其重视观察上课教师在课堂教学中如何展开对学生探究能力的培养，对此，课题组成员均做了相关记录，并且对不同的教学方式和探究方式做了相关的评价。

（2）课程基地考察活动。

工作室利用空余时间对其他学校的课程基地进行了考察活动。我们先后去了淮阴中学、靖江高级中学、南京中华中学、上海七宝高级中学等多家重点中学参观学习考察。了解了课程基地的建设、应用，学生的活动情况，课程基地建设对学生的影响及课程基地今后的发展方向等。对我们在地理教学中如何培养学生的探究能力起了一定的指导作用，同时也为我校在建的课程基地建设及应用提供了宝贵的经验和帮助。

（3）名师研讨活动

课题组成员中有两位是特级教师，在他们的带领下，我们有幸多次参加高级别的名师研讨活动，受益匪浅。

4. 以课程基地的建设与实践为平台，推进课题研究，促进学生地理探究能力的培养

2014年7月，学校成功申报了江苏省普通高中课程基地——生态·地理综合实践课程基地，该基地创新教学环境，有利于教学重难点的突破，促进学生学习能力的培

养。同时，该基地具有鲜明的培养学生地理探究能力的特征。

5. 以"教是为了不教"思想为指导，通过课程统筹、开设公开课，促进教师培养学生探究能力

（1）课程统筹

课题组组织各位骨干教师，结合校内外各类各级资源开课活动，进行课程统筹安排。本着"教是为了不教"的指导思想，努力寻找培养学生探究能力的教学模式。

统筹各节课程目标。

依据各节课教学目标的差异，运用不同的教学方式方法，部分课题组员开设的公开课如下：略。

（2）课程评价

课题组成员在课前、课后都会集中开会讨论，课前确定课题，课后进行分析和评价。

①确定教学目标

针对每一节课程不同的教学目标，课题组成员确定教学内容和学生自主探究的重点。先确定课题，之后分析教学重点难点，再针对重难点确定教学方法和手段，统筹规划教学过程和方式方法，目的在于培养学生的自主探究能力。

②确定探究方式

地理自主探究方式多种多样，但是针对不同的探究能力培养，其方式是不同的。比如在进行工业区位选择时，采用分角色扮演，可以培养学生的区域分析能力和决策能力。针对不同的教学内容，我们采用了多种手段如角色扮演、实验制作、分组讨论、读图作图、信息技术等方法来培养学生自主探究能力，以达到"教是为了不教"的目的。

③课后分析评价

课题研究成员，针对课上教师的表现力和学生的自主探究能力进行综合分析评价。对于学生表现力的好与差，我们经过研究分析，得出影响学生自主探究能力的因素如下：教师因素、学生因素、问题难易、探究时间长短等。其中教师的引导作用和学生自身的探究能力影响最大。

（3）总结探究策略

通过三年的分析研究，课题组成员总结归纳了若干针对培养学生探究能力的方案与策略，总结如下：激发兴趣策略、自主探究策略、活动体验策略、基地活动方案、构建开放性课堂、研学旅行方案。

（4）制定学生探究能力标准

课题开展三年，为了进一步验证学生探究能力的变化情况，课题组成员制定了学生地理探究能力测评表，定期检测学生多方面的地理探究能力。通过前后比对，了解学生地理探究能力的发展情况。

通过上述的各类各级教学研讨活动，课题得到了进一步的开展和研究。首先，教师在教学过程中通过创设环境，逐步引导学生进行自主探究；学生通过自主探究逐渐提高自主探究能力。其次，学生在讨论研究中自制活动研究手册，作为活动研究成果；教师则通过教学活动，组织编排各类教学案例，并且分析研究各类不同的教学活动对学生不同方面探究能力的培养。逐步形成了教师组织引导、学生自主探究的教学模式，对学生自主探究能力的培养取得了良好的效果。真正履行了叶圣陶先生的"教是为了不教"的教学理念。

（二）开题以来的研究成果

1. 理论认识成果

（1）对课题研究的意义和价值更加明晰

目前，教育部组织研究提出各学段学生发展核心素养体系，明确学生应具备的适应终身发展和社会发展需要的必备品格和关键能力，突出强调个人修养、社会关爱、家国情怀，更加注重自主发展、合作参与、创新实践。为此，教育部于2016年9月修订了《普通高中地理课程标准》，将人地观念、区域认知、综合思维和地理实践力并列为地理学科的四大核心素养体系。《课标》要求学生地理核心素养的培养，而通过地理教师与学生互动的地理教学过程来实现。因此，地理教学要以地理核心素养为目标，以地理课程标准为依据，以真实情境为载体，选择有效的地理学习方式；要开展实践活动，让学生在真实情境中体验学习过程；要通过过程与结果相结合的评价，引导学生在地理学习中学会认知、学会思考、学会行动。这与教师创设情境，培养学生自主探究能力也是相一致的。

（2）对培养学生探究能力理性的思考

课题组梳理了"教是为了不教"的思想内涵，对培养学生探究能力进行了深入的研究和思考，开展课题组讨论，并撰写论文、研究课题、开设讲座，形成学术理论成果。其中，陆文博老师的论文《基于弹性预设的高中地理生成性教学》刊登于杂志《地理教学》，并且被人大复印资料全文转载。蒋少卿老师的论文《开放性课堂中培养学生地理实践力的探索》2017年1月发表于《中学课程辅导》，齐本莹老师的论文《论区域地理案例教学中"小组讨论法"的应用》2016年1月发表于《新课程导学》。

如今，随着课程改革的进一步推进，教育部提出了地理核心素养，为此课题组成员又再次申报江苏省"十三五"规划课题"基于地理实践力培养的高中开放性课堂研究"，并于2017年立项，为进一步研究学生探究能力的发展做了延伸。

（3）初步形成培养学生探究能力的教学模式

这一模式确立了"以'教是为了不教'理念为引领，以名师工作室为抓手，以课程基地为平台，以公开课为手段，以培养学生探究能力为目的"不断尝试构建合理的教学模式。目前制定的策略主要有以下几种：激发兴趣策略、自主探究策略、活动体验策略、基地活动方案、构建开放性课堂、研学旅行方案。随着新课程的推进，策略还会进一步多样化。

（4）制定学生探究能力评价体系

通过多方面理论研究和讨论，结合地理学科特点，再结合实践情况，制定探究能力评价体系表，对学生每学期相应能力进行测评，了解学生探究能力的发展情况，并进一步修改、完善评价体系。

表1　地理探究能力评价体系表

地理探究能力	得分
地理信息的搜集与诠释能力（20分）	
地理科学研究能力（20分）	
应用地理知识能力（20分）	
解决实际问题能力（20分）	
野外考察能力（20分）	

评价总分为100分，首先可根据学生地理探究能力的反映情况进行测评，之后将各要素数据进行累计，得出总成绩。最终可根据成绩分成五个等级。

表2　地理探究能力评价等级表

等级	成绩	水平	代码
1	100—80	优秀	A
2	79—60	良好	B
3	59—40	中等	C
4	39—20	较差	D
5	19—0	很差	

2. 实践成果

（1）调查是依据

根据问卷调查，我们发现虽然新课程改革已经推行好几年，但是不少教师仍旧运用老套的灌输方式来进行教学，学生对地理学习失去兴趣，听课效率低下，对地理的相关活动表现力不足。（问卷调查结果如下图）

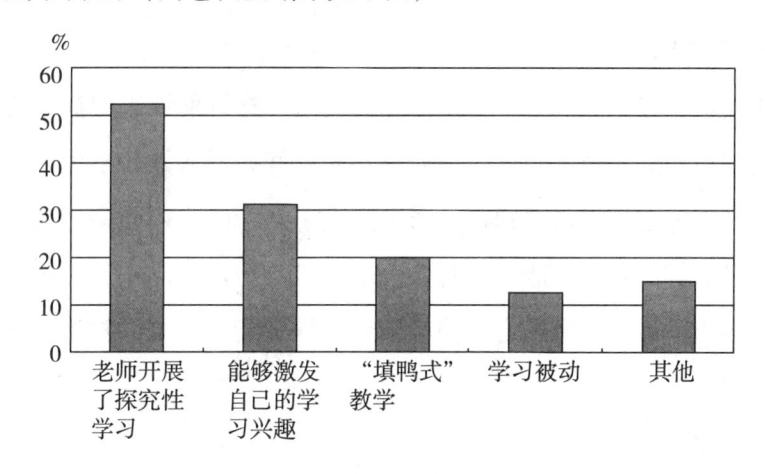

图2　地理教学情况问卷调查结果

地理是一门实践能力较强的学科，即使学生掌握了相关的地理知识，但若是实践能力、探究能力、应用能力与地理知识相脱节，那么地理学习只是纸上谈兵。而该课题的研究正是要扭转这种教学现状，将"因教而教"转变为"教是为了不教"，不仅要让学生掌握相关的地理知识，还要学会地理知识的应用，知识与能力相结合，提高学生自主学习探究的能力。

（2）课程是灵魂

学校建设了课程基地，以"生态·地理"为核心内容构建地理课堂，通过校内、校外的课程基地活动，培养学生的地理自主探究能力。2017年10月，苏州市地理学术交流会在我校召开，活动中各位专家、教师参观了我校新建的"生态·地理"课程基地。课程基地学生每年都有外出考察活动，2014年考察常熟气象站、研究常熟气象监测；2015年考察常熟湿地，研究常熟生态；2016年考察微山湖湿地；2017年进行地理摄影和生物发现等活动。

（3）课例是支撑

为了更好地培养学生地理自主探究的能力，课题组安排统一的教研活动时间，为课题组成员提供更多面对面交流的机会。同时，鼓励教师尝试不同教学方法培养学生的自主探究能力，课题组其他教师观摩、评价。课题组成员通过反复研究探讨形成教案集，不仅着重培养学生的自主探究能力，还促进了教师的专业发展。

（4）平台是载体

通过网络平台，线上和线下，课内和课外，书本与网络等多方位、多维度的方式，让学生完成地理的自主学习任务，提高了学生的自主探究能力，以达到"教"是为了"不教"的目的。

（5）评价是关键

课题的研究重点在于提高学生的自主探究能力，与目前课改中提出的地理核心素养中的地理实践力如出一辙。通过三年的教学研究和教学实践，学生在地理素养上都有了很大的提升。一方面丰富了知识体系，提高了地理的学习效率，另一方面提高了动手、分析、研究等自主探究能力。有多位学生自制地理实践手册，记录了他们校内外的探究活动经历。另外，通过定期的学生地理探究能力标准的检测，学生的地理探究能力都有不同程度的提升。

（6）提升是动力

略

八、课题研究成果

略

九、研究中存在的问题、改进措施及今后展望

（一）研究中存在的问题

1. 高中学校由于普遍面临着升学压力，教师教学工作强度高、负担重、时间紧，教师进行课题研究的时间和精力有限。

2. 课题研究者的理论储备还需加强，特别是文献研究和模式构建需要大量的理论支撑，这对课题组来说是一个挑战。

3. 课题研究的内容是学生自主探究能力策略应该是多方面的，目前情况下只提出了六种方案，比较狭隘，对学生探究能力的培养有一定的局限性，因此，在今后的研究中，课题组应该进一步完善学生探究能力培养的方法与策略。

4. 学生探究能力的发展是一个综合的、渐进的过程，而且难于量化。我们尽量提供更好的教学环境和设施，采用最新的教学理念和方法，通过提升各种教学技能和手段，创设情景，提供学生探究活动的平台，但目前条件下难于在课题研究和学生自主探究能力之间建立精确的对应关系。目前制定的测评标准也比较浅显，在今后的研究中需进一步完善。

（二） 改进措施

1. 课题组成员要继续加强学习，不仅要加强理论学习，还应积极参加与教学相关的参观、研讨、听课活动，开阔视野，激发教学创新灵感。

2. 建立奖励制度，以推动学生自主探究的积极性；建立有效评价机制，对学生的自主探究能力进行合理评价，观察学生的自主探究能力的发展情况。

3. 前期课题研究有一定的地域和时间的局限性，因此教师应开发多样化的教学模式及安排适宜的教学环境，创新教研方式，创新管理机制，不仅要在课内还要在课外，不仅在课上还要在课后，以推动课题研究。目前课题研究中虽然开展过一些课外活动，但是由于多种原因，外出活动还是比较少。因此在今后的研究中，应增加外出活动次数，拓展学生的活动内容，提高学生多方面的探究能力，达到"教是为了不教"的目的。

4. 学生探究能力应该是多方面的，目前制定的学生探究能力评价体系还有很多局限性，因此今后需要逐步完善。

（三） 今后展望

通过三年多的课题研究，课题组对叶圣陶先生"教是为了不教"的思想有了更加深刻的理解。2018年将要使用新教材，叶圣陶思想是指引我们教学的一盏明灯。将这一理念继续贯彻到新教材的教学中，继续培养学生的地理探究能力，结合教育部提出的"地理核心素养"，将地理探究能力与地理实践力相结合，进一步培养学生的四大核心素养，以达到叶圣陶先生"教是为了不教"的目的。

第四章

专题讲座

第一节 教学理论类

高中地理开放性课堂中培养学生地理实践力的思考和研究

这是2018年我在苏州市教师暑期培训中开展的讲座，这个讲座是我在江苏省课题"基于地理实践力培养的高中开放性课堂"的基础上修改而成，可以说类似于一个成果汇报。我个人认为，做课题是一项非常重要且艰巨的任务，不仅可以衍生出讲座，也可以衍生出论文。所以，我建议大家做研究应以课题为核心，围绕课题再做其他方面的研究。

讲座第一部分简单介绍了我做的相关课题，从常熟市到苏州市到江苏省的规划课题研究。

讲座第二部分进入正题，首先介绍了我的开放性课堂的概念。

一、开放性课堂

教育部制定的《中国基础教育课程改革指导纲要》指出："课程是一个历史范畴，课程目标、课程结构、课程内容都将随着时代的发展而变革。"教学模式的变化也应运而生。

开放性课堂作为一种与封闭性课堂相对立的课堂教学模式，是指教师在教学目标、教学内容、教学评价、学习方法、思维方式、学习成果及学习环境等方面给予足够的民主和自由，学生以多种形式全面发展自我的教学方式。包括目标开放、内容相对开放、学习方法开放、思维开放、学习成果开放、学习环境开放。它包括三个维度：教师与学生的心理空间由封闭到开放到融合，教材的知识空间与学生的经验空间由封闭到开放到融合，课堂的学习空间与学生课外的生活空间由封闭到开放到融合。开放性教学理念对培养学生的创新意识、创新精神、实践能力和全面提高学生的素质有着明显的促进作用。

（一）教学理念的开放

目前很多教师仍然遵循着传统的教师"教"，学生"学"的教学模式，因此教师自身应转变教学理念，开展开放性地理教学的理论学习、优质课的观摩以及教学实践活动。教师理念开放了，设计的教学内容、教学过程以及开展的教学环节才能具有一定的开放性。通过教师的引领，学生的学习过程、研究过程、发现过程、生成过程才能具有一定的开放性。在开放的教学理念指导下，才能有开放的教学行为。

（二） 教学内容的开放

在确定教学内容之后，教师不应将教学内容局限于内容本身，应该将其与生产生活、其他学科以及实践活动相融合，这样学生所学的地理才更为有用、更为综合、更有意义。

1. 与生产生活相融合

新课程的基本理念要求学生"学习对生活有用的地理，学习对终身发展有用的地理，构建开放的地理课程"。美国的课程目标非常重视学生生活化的地理体验。要求学生在体验中获得地理知识，形成地理能力和地理观点，而不是通过文字符号系统地学习地理知识、地理能力和地理观点。要求学生围绕"生活中的地理"来开展地理研究。因此，在开展地理教学时应根据教学内容渗透人类的生产和生活实践，将所学的地理知识应用于实际的生产和生活，这样掌握的知识才更有用、更灵活、更牢固。

2. 与相邻学科相融合

任何一门学科都不是孤立的，尤其是地理学科，它本身具综合性的特点。当我们在地理教学中渗透相邻学科内容之后，课堂就不再局限于地理课堂，而是学科跨界课堂，即打破学科之间的界限，让各学科知识尽可能地相互交融，彼此支撑。这样的课堂更有利于学生综合思维的培养。

3. 与实践活动相融合

地理实践力的类型多样，主要包括地理观测能力、地理调查能力、地理实验能力、地理制作能力、地理仪器操作能力及综合能力等。因此，地理实践活动也需丰富多样，在地理教学中应根据不同的教学内容设计多种地理实践活动，丰富课堂教学环节。总之，让课堂活跃起来、动起来，加强学生的动手能力、分析应用能力，提高学生的地理实践力。

（三） 思维模式的开放

英国地理教学专家提出：在地理课堂教学实施过程中，教师应积极地创造机会，充分开展各种活动，如角色扮演、辩论比赛、合作探究、模拟活动等，让学生自主发挥，合作讨论，深入探究，培养充分发挥学生的发散性思维。

（四） 教学生成的开放

"预设"是指教师围绕某个教学目标而做的设计，"生成"是指在实施设计过程中学生的所得、所获。如果课堂设计只是根据教师事先预设按部就班，没有发挥师生双方的主动性和积极性，那么该节课也只能是完成任务，是没有灵气的课堂教学。开放性的地理教学，会使得学生的思维变得更加活跃，生成的信息会更加丰富，而生成又会转为教学资源，学生成了教学资源的生成者和构成者；教师不再是知识的呈现者、纪律的管理者，而是课堂信息的重组者。

（五）教学形式的开放

由于目前地理教学大多在学校教室里开展，不少教师可能会对教学形式或教学环境如何开放产生疑问。其实，教师们可充分利用学校课程基地或是课余时间来开展地理教学，这样，地理教学的形式和教学环境就会丰富多样。

二、地理实践力

地理实践力的类型多样，主要包括地理观测能力、地理调查能力、地理实验能力、地理制作能力、地理仪器操作能力及综合能力等。2017年新《课标》出台，也提出地理教学相关新的要求，但是不少教师仍旧运用老套的灌输方式来进行教学，学生对地理学习失去兴趣，听课效率低下，对地理的相关活动表现力不足。即使部分教师开展实践活动，但是效果也不尽如人意。

地理是一门实践能力较强的学科，即使学生掌握了相关的地理知识，但考察能力、调查能力、实验能力与地理知识相脱节，那么地理学习也只是纸上谈兵。而该课题的研究正是要扭转这种教学现状，不仅要让学生掌握相关的地理知识，还要让他们学会地理知识的应用，做到知识与能力相结合。在地理教学中，不仅要开放课堂，还要开放理念，开放内容，最终要提高学生的地理实践力。

《普通高中2018级学生课程调整方案》中要求必修1、必修2安排20节以上地理实践课，对选择性必修1和选择性必修2的要求也是如此。因此，如何开展地理实践活动课就显得尤为重要了。

（一）利用课堂教学，组织开放性课堂，培养学生地理实践力

2017年《普通高中地理课程标准》中提出"要提倡自主学习、合作学习和探究学习，开展地理观测、地理考察、地理实验、地理调查和地理专题研究等实践活动。"因此，在地理教学中，我们应重视此类实践活动，构建活动平台，培养学生地理实践力。

模拟地理实验是一种在人为控制下，模仿某种条件，研究展现地理现象和地理过程的直观、形象的活动。它能够高度浓缩展示地理知识、现象、规律的过程。学生通过开展模拟地理实验活动，不仅能够在短时间内获取、巩固并验证地理知识和规律，还有利于培养动手操作能力、观察能力、综合思维能力、合作探究能力等。

（二）依托课程基地平台，组织开放性课堂，培养学生地理实践力

2014年7月，学校成功申报了江苏省普通高中课程基地——生态·地理综合实践

课程基地，该基地创新了教学环境，有利于教学重难点的突破，促进了学生的学习能力。同时，该基地具有鲜明的培养学生地理探究能力的特征。学校课程基地配备模拟气候大会会场、矿物标本室、地理实验室、天体运动观测室、地形地貌模型室、植物园、地理制作室等。

以生态地理为主线，以学生活动为主题，实施构建开放性课堂，培养学生地理实践力。课题组成员合作编写了《气象与气候变化》《生物与地理环境》《立体农业实践》等七本校本教材，拓展了地理知识，开拓了学生的眼界，为今后课题的研究及在地理教学中培养学生地理实践力，创建了良好的环境和实践的平台。结合江苏省前瞻性课改活动，开设校本课程，课题组成员在开放性理念的引领下，积极开展地理活动，丰富地理教学内容，设计地理教学课堂，创设地理教学环境。基于该平台，课题组成员开展了丰富多彩的校内外地理实践活动。

（三）充分利用区域资源，组织开放性课堂，培养学生地理实践力

校内学习的时间、内容、环境毕竟有限，常熟市拥有丰富的资源可供学生调查、研究，如虞山、尚湖等自然资源，常熟气象观测站，污水处理厂，发电厂等，都能成为学生的学习场所，丰富学生的实践活动。

三、多种形式组织开放性课堂，培养学生地理实践力

课内地理实践活动有限，因此，课题组还为学生补充了课后的实践活动，比如参与研学旅行、社会调研、调查研究、旅行手记等活动，学生根据自身条件及兴趣爱好，自由选择实践活动。此举丰富了学生的课后生活，开放了学生地理实践的内容及空间。

四、课例分析（略）

第二节 学科教学类

探讨《内力作用与山地的形成》

这是一节应新疆克州的老师邀请做的学科教学类讲座,主要讲解如何开展该节内容的教学工作,讲座主要分为两大部分:

一、课标解读

2021年新疆克州的教材还是沿用的人教版的老教材,而江苏已经用上了新教材,因此我对两套教材做了对比,并且将新《课标》和《课标解读》一起分条目进行详细的比对,虽然新疆克州用的是老教材,但是他们也按照新《课标》的要求授课,所以我对新课标进行了详细解读。

二、教学建议

教学建议分为三个方面:知识梳理、案例分析和注意事项。

1. 知识梳理

讲座主要从内力作用的角度分析,我通过几张关联图,将本节内容的知识结构进行了梳理,同样,对学生而言,展现知识结构图,让学生可以更清晰地掌握教材内容,理解内力作用和其他塑造地表形态的力量之间的关系。

2. 案例分析

内力作用所形成的地表形态种类繁多,考试时主要是以具体案例的形式呈现。所以,我在讲座中展示了多种常见的地貌景观,主要考查学生判断地貌类型、描述特点、分析形成过程等。另外还展示了一些最新的考题。同时还需重视学生核心素养的培养,很多地貌景观的案例都有利于培养学生的地理四大核心素养。

3. 注意事项

讲座提出了三个注意事项:

(1)及时更新内力作用和地质构造的知识体系

地表形态的形成经常会有很多平时未涉及的知识点,需要通过不断地积累和更新知识储备,加强学生训练。借助江苏省2020年的适应性考试的考题举例说明。

(2)地表形态处于不断运动和变化之中(自然和人为)

地表形态的塑造不仅有自然塑造的过程,也有人类活动的作用。通过案例举例说明。

（3）地表形态是内外力共同作用的结果

很多地表形态的形成多为内外力共同作用的结果，教师们不应忽略，如喀斯特地貌的形成或黄土高原的形成，都是内外力共同作用的结果。

三、课例分析（略）

第五章

校本编写

第一节 常熟的森林和湿地

"七溪流水皆通海，十里青山半入城。"自古以来，常熟的山和水构建了常熟良好和谐的生态环境，森林和湿地资源是大自然赐予常熟最宝贵的财富。常熟的森林和湿地有怎样的分布特点？常熟的森林和湿地对常熟有怎样的生态环境效应？

森林和湿地的分布

常熟市地处 120°33′~121°03′E，31°33′~31°50′N，位于长江三角洲，以平原地形为主，属亚热带季风气候，四季分明，气候温和，雨量充沛。境内水网交织，各河流湖荡均属太湖水系，其分布呈以城区为轴心向四乡辐射状。

【思考】

1. 在图中找出常熟主要的森林和湿地的分布位置。

2. 你能说出常熟其他的森林和湿地吗？

常熟境内山丘主要有虞山、顾山、福山等，其中以虞山为最，海拔 261 米，长 6400 米，东端蜿蜒入古城。常熟河网密布，主要河流有望虞河、常浒河；主要湖泊有昆城湖、尚湖等。

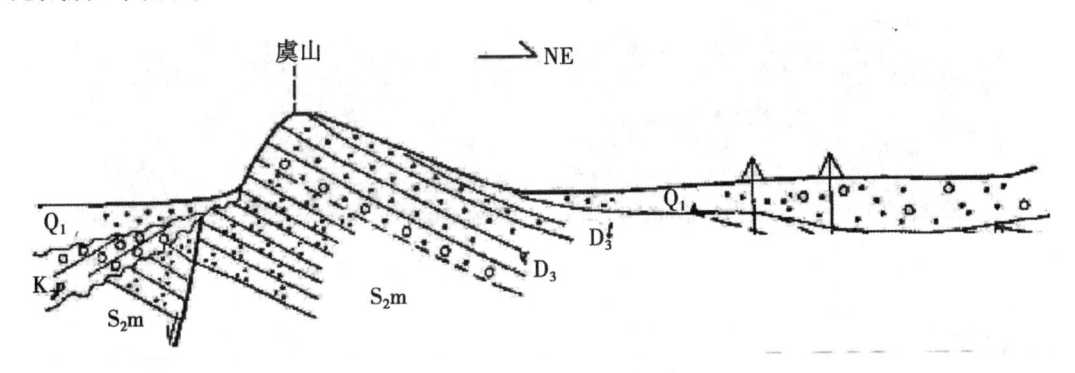

【思考】

1. 据图推测虞山和尚湖形成的关系。

2. 分析常熟古城河网密布的原因，并推测这些河流的流向。

森林和湿地的作用

据统计，虞山国家森林公园有森林面积1260多公顷，森林覆盖率达96%，统计有89科309种植物。虞山天然林以马尾松林和马尾松、阔叶树混交林为主，山麓有落叶阔叶林和小面积的常绿、落叶阔叶林。同时，虞山的灌木林面积较少，主要分布于西北部山坡上部，立地较差，土层浅，石块多，较干燥，最常见类型为狭叶山胡椒灌木林。

尚湖水域面积达到了800公顷，有两个以池杉为主体的人工湿地林、沿湖堤岸人工林和以狐尾藻、苦草、眼子菜等为主体的沼泽湿地。目前，尚湖已经成为越冬鸟类主要的栖息地。尚湖与虞山的山水相辉映，碧水、蓝天、青山构成一幅立体的美丽山水画卷。

> 常熟人之所以称虞山是"森林氧吧"，与虞山2000多种植物有关。一位市民对记者说："森林对我们最有益的功能就是吸收二氧化碳、释放氧气，她还能吸收大气中的许多有害气体，吸附粉尘，起到天然'净化器'的作用。森林具有调节气温和湿度，缓和太阳辐射热，减缓风速，涵养水源和消除噪声的作用，她能为人们提供一个风和、凉爽、宁静、有益身心健康的良好环境。"
>
> ——摘自《常熟日报》

【思考】

1. 归纳虞山森林所带来的生态环境效益。
2. 虞山的地带性植被和目前的植被相同吗，为什么？

20世纪80年代的尚湖——围堤筑岛　　　如今的尚湖——退田还湖

【思考】

1. 比较两幅图所示内容有何不同。
2. 上述现象分别会带来怎样的影响？
3. 推测图中的巨变对虞山森林有怎样的影响？

森林和湿地不仅有巨大的生态效益，也给人们带来了经济效益。

虞山绿茶　　　　　　　　　尚湖"水八仙"

【思考】

1. 列举虞山森林和尚湖拥有怎样的经济效益。
2. 在虞山上种植绿茶有什么注意事项？
3. 尚湖可以发展什么产业？

【案例】

琴湖公园的前世今生

20世纪80年代初，琴湖村利用湖圩低洼荒滩，将其改造成一座公园，命名为琴湖园，这是本市首家由农民投资建造的公园。1988年，琴湖园对外开放，依水建桥、亭、楼、厅，周围湖水浩渺，渔歌声声，富有江南水乡情趣。到了2019年，政府提出了琴湖片区综合改造工程，将琴湖公园定位为开放式城市休闲生态公园。景观布局分为四大部分：城郊商业圈、湿地公园、湖湾公园与生态密林区。城郊商业圈的设计保留虞山景观轴线的延伸，是传承老城区风韵的纽带，兼顾旅游与城市休闲两大功能，区内规划了低层商业建筑，是景观的视线通廊。

当年我们的爸妈们曾在这里游泳，喝茶，跳舞，游园，看飞机。

现如今的琴湖公园有湖泊、浅滩、森林、广场、商圈、电视塔。

【思考】

1. 琴湖公园之所以有这么大的变化,最主要的原因是什么?

2. 琴湖公园对周边有怎样的影响?

3. 有人说现在只有琴湖,没有公园,你理解这句话的含义吗?

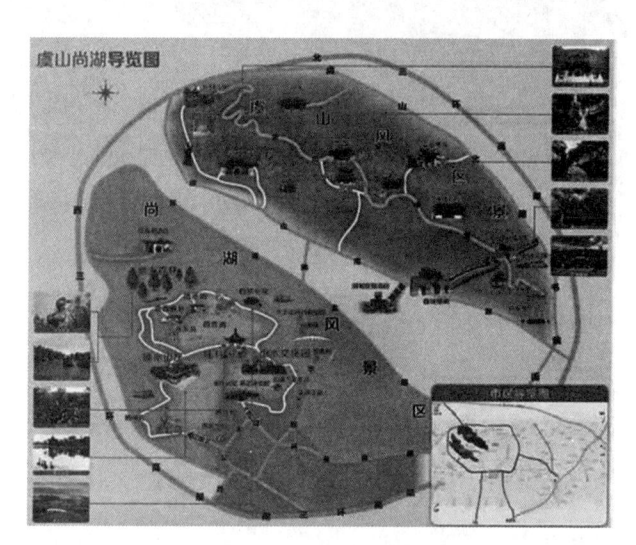

第二节 常熟旅游资源的开发和保护

世上湖山，天下常熟。虞山尚湖风景区是5A级景区，区域总面积39.2平方公里，独占建城区"半壁江山"，是常熟山、水、城独特城市形态的重要组成部分，历史、文化和环境个性的承载主体。虞山尚湖风景区观赏价值如何？其独特性体现在什么方面？

常熟山水风光

虞山横卧于常熟城西北，状似卧牛，因商周之际江南先祖虞仲（即仲雍）死后葬于此而得名。虞山东南麓伸入古城，故有"十里青山半入城"之誉。虞山景区分虞山公园及虞山国家森林公园两大组成部分，虞山公园在山脚的东部，北门大街上，以古城墙为界，为常熟市亮山工程的一部分。

虞山国家森林公园主要为虞山山上的部分，可以选择从兴福寺旁索道上山，也可从言子墓、兴福寺、虞山南路等处登山，沿途有维摩山庄、丹桂园、剑门、藏海寺等景点，秋天是最佳的观山季节。在剑门沿线可以远眺到山下尚湖的全貌。常熟历代名人墓葬成群，多集中在虞山之上，这些都是虞山文化精华的体现。其中，东麓有常熟最古老的墓葬，商代江南先祖虞仲（即仲雍）之墓。此墓北有"南方夫子"言子之墓，南侧为吴国第一代国君周章陵墓。

【思考】

常熟旧有"虞山十八景"之说，指书台积雪、破山清晓、辛峰夕阳（一说应为降龙古涧）、昆承双塔、桃源春霁、维摩旭日、剑门奇石、拂水晴岩、秦坡瀑布、藕渠渔乐、福港观潮、西城楼阁、普仁秋爽、星坛七桧、湖甸烟雨、湖桥串月、吾谷枫林、三峰松翠。

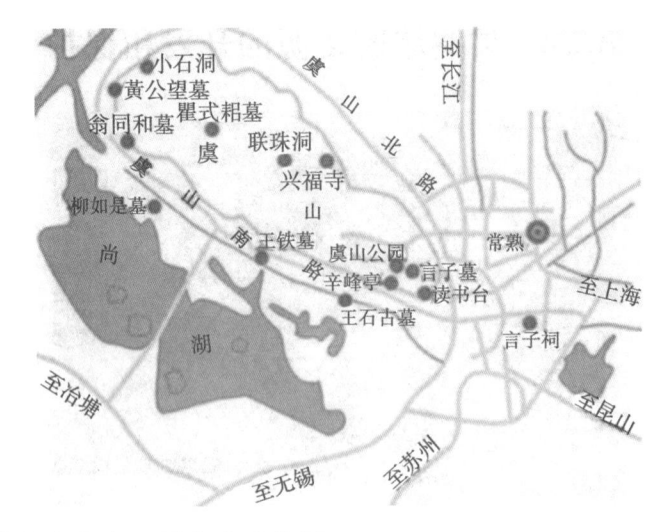

1. 在图中找出虞山十八景大致的位置。

2. 推测虞山十八景最佳观赏的时间。

3. 设计一条虞山一日游的旅游线路。

尚湖有着2亿年的地质史,于1986年开发为尚湖风景区。相传因殷末姜尚避纣王暴政,隐居于此垂钓而得名。尚湖北依十里虞山,东邻古城常熟,山清水秀,与古城浑然一体,是国家级太湖风景区的重要景点。古时,黄公望、沈周、唐寅、康有为、于右任、柳亚子等历代文人均有题咏传世。

风景区以尚湖主体水面为核心,建立了以荷香洲、钓鱼渚、桃花岛等七个自然景观为主,植物造景为辅的洲、岛,形成了湖中有岛、岛中有湖的独特景观。其中有两个以池杉为主体的人工湿地林、沿湖堤岸人工林和以狐尾藻、苦草、眼子菜等为主体的沼泽湿地,成为越冬鸟类主要的栖息地。

尚湖内还建有江南最大牡丹园、中日友好樱花园、水上森林公园、桃花园等植物园;开发了动物世界、水上游乐园、天然游泳场、高尔夫球场等旅游休闲娱乐设施。景区现有多家度假村,已成为新兴旅游休闲、度假基地。

【思考】

1. 根据不同的游览需求讨论选择合适的旅游线路。

2. 若观赏植物园内植物不同的花期，请选择最佳的观赏时间。

3. 拍摄美照，举办摄影展。

【案例】

沙家浜风景区

沙家浜芦苇荡风景区是全国爱国主义教育示范基地、全国百家红色旅游经典景区、国家5A级旅游区、华东地区最大的生态湿地之一，占地1.33万平方米，已建成革命传统教育区、水生植物观赏区、红石民俗文化村、芦苇水陆迷宫、美食购物区等功能区域和竹林幽径、阡陌苇香、柳堤闻浪、隐湖问渔、双莲水暖等一批景点。沙家浜不仅有丰富的湿地资源，更是隐藏了众多的故事，最有名的莫过于现代京剧样板戏《沙家浜》，很多人认识沙家浜也是因为这部京剧。

下图为景区内的特色景点。游客来到沙家浜多会游船穿梭于芦苇荡，感受当年的芦荡火种的激烈场面；欣赏京剧《沙家浜》，了解当年阿庆嫂的故事。

【思考】

1. 若要游览图中的景点，需要注意哪些问题？

2. 和同学们分享你游玩的景点及对沙家浜的印象。

常熟名人历史

方塔公园位于常熟热闹的商业街方塔街以北80米处，是在宋代崇教兴福寺废址上新建的仿古园林，风格同苏州园林。古寺虽已毁，但始建于南宋建炎四年（公元1130年）的方塔依然存在。方塔据说为改善常熟的风水而建，全名"崇教兴福寺塔"，历代屡次修葺，是常熟的地标之一，方塔园也因该塔得名。方塔园有南门和东门两个大门，从哪个门进园并无特别的讲究。南门进入直走便是方塔，塔有四个面高九层，第二层和第三层可以到塔外的露台俯看方塔园，眺望常熟城景，再往上就只能登塔，不能到外面观景，若要拍照，得把手伸出去，不是很方便。由方塔往东北部走，廉池在东门的北边，方塔的倒影映在池中，适合拍照。廉池北边有棵 800 多岁的古银杏，西边问泉堂前有口宋代古井，它们与方塔合为"方塔三宝"。由方塔往北走，可以依次参观碑刻博物馆和名人馆。碑刻博物馆的碑廊里陈列着一块块历代石碑。名人馆里介绍从古至今和常熟有关的名人，如商代的仲雍、春秋的言子、当代常熟籍中科院士等。方塔园内曲桥碧水、亭台楼阁错落有致，园林的景致很好，在园子西部的醉尉池观鱼也是游客喜爱做的事。

【思考】

1. 说出方塔公园的来历。
2. 方塔公园有哪"三宝"？
3. 想要了解常熟的名人历史可以参观哪里？

【图片展示】

【思考】

1. 推测上述两个旅游景点分别是哪里？
2. 上述两个景点分别有怎样的特点？
3. 请你说出与两个故居的主人相关的故事。

【课后实践】

1. 沿常熟的琴川河游览沿岸的主要景点。
2. 说出琴川河沿岸令你印象最深刻的景点。
3. 琴川河首尾分别是什么景点，各自有什么特点？
4. 说说你对常熟旅游产业发展的看法。

常熟市在 1986 年被评为"国家历史文化名城",又先后获"中国优秀旅游城市""国家园林城市""国际花园城市""中国人居环境奖""中国十佳绿色城市"等称号。这些都有赖于常熟优美的山水旅游资源和深厚的人文历史底蕴。对常熟的旅游资源应该实施合理的开发和保护,首先,建议组织专家学者对我市旅游资源点进行完整的普查摸底、梳理、挖掘,根据不同的类型,分类施策,保护提升;其次,要向上争取,依法加强对常熟旅游资源实行保护或修复;第三,要扩大宣传,积极有为,扩大我市旅游产品的影响力;第四,发展特色旅游,打造精品旅游产业。

【思考】

1. 针对常熟某一旅游资源,提出合理的开发和保护建议。
2. 举例常熟某一处旅游资源开发的合理性(不合理性),并分析原因。

第三节 台风"山竹"和常熟洪涝

2018年，受台风"山竹"影响，常熟市从9月16日下午起至9月17日上午7时，普降大暴雨、局部特大暴雨。据中央气象台发布的24小时降雨量监测报告显示从9月16日08时至9月17日07时，常熟降水量为296.5毫米，刷新日降水量、一小时降水量、三小时降水量、9月中旬降水量四个第一。常熟距离台风登陆地点较远，为何常熟普降暴雨？此次台风为何使常熟受灾严重？

台风

台风属于热带气旋的一种。热带气旋是发生在热带或副热带洋面上的低压涡旋，是一种强大而深厚的"热带天气系统"。我国把南海与西北太平洋的热带气旋按其底层中心附近最大平均风力（风速）大小划分为6个等级，其中中心附近风力达12级或以上的，统称为台风。

【思考】

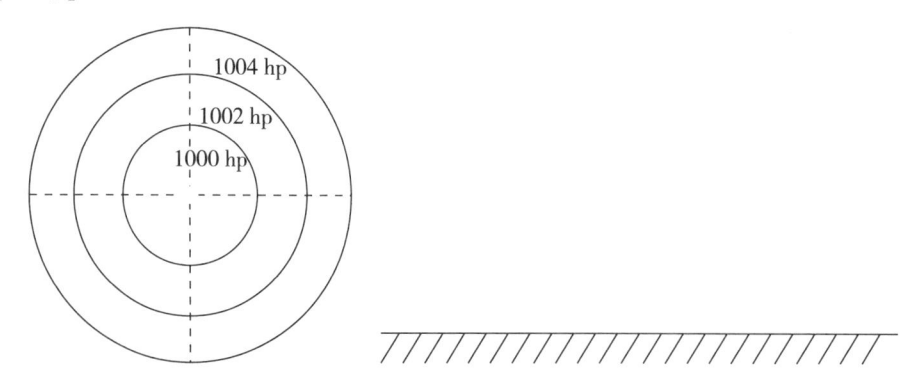

1. 在上图画出台风"山竹"水平方向和垂直方向的气流运动方向示意图。

2. 在台风"山竹"影响下，常熟有怎样的天气现象？

3. 根据示意图，分析不同的区域会受到何种天气影响。

1997年世界气象组织台风委员会第30次会议上重新制定台风命名办法，才有了如今拥有140个有趣名字的"命名表"。

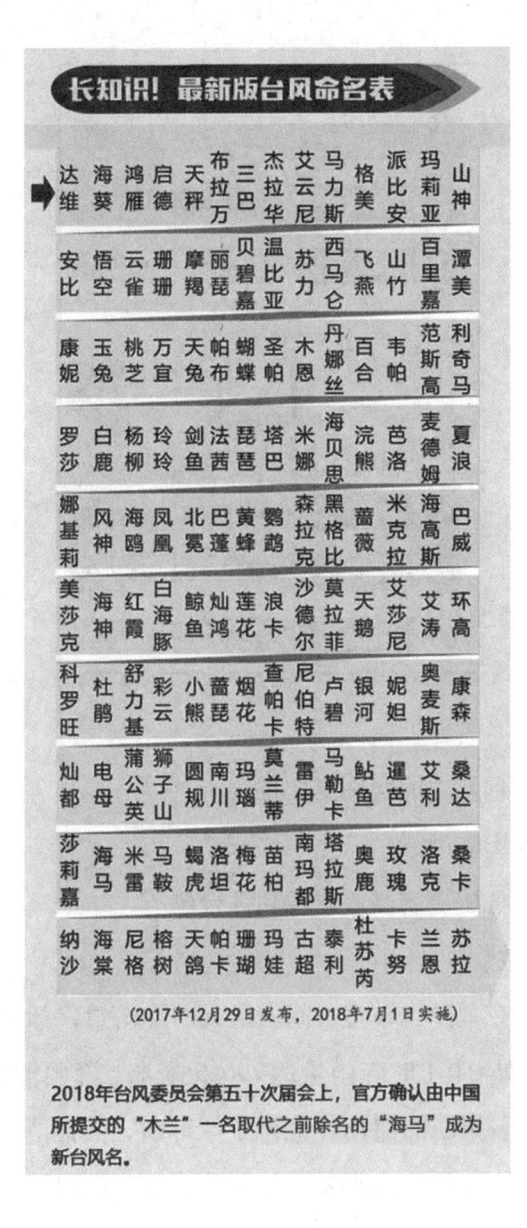

【思考】

1. 说说你所知道的台风名字。
2. 台风"山竹"会除名吗？

在一般情况下，台风命名表是稳定不变的。一旦某个台风对于生命财产造成了特别大的损失，台风委员会成员可申请将该名称除名。从命名表中删除后，台风委员会将根据相关成员的提议，对热带气旋名称进行增补。

2006年6月，我国发布《热带气旋等级》国家标准，即热带低压、热带风暴、强热带风暴、台风、强台风和超强台风六个等级。具体标准如下：

		底层中心附近最大平均风速（米/秒）	风力（级）
①	热带低压	10.8—17.1	6—7
②	热带风暴	17.2—24.4	8—9
③	强热带风暴	24.5—32.6	10—11
④	台风	32.7—41.4	12—13
⑤	强台风	41.5—50.9	14—15
⑥	超强台风	≥51.0	≥16

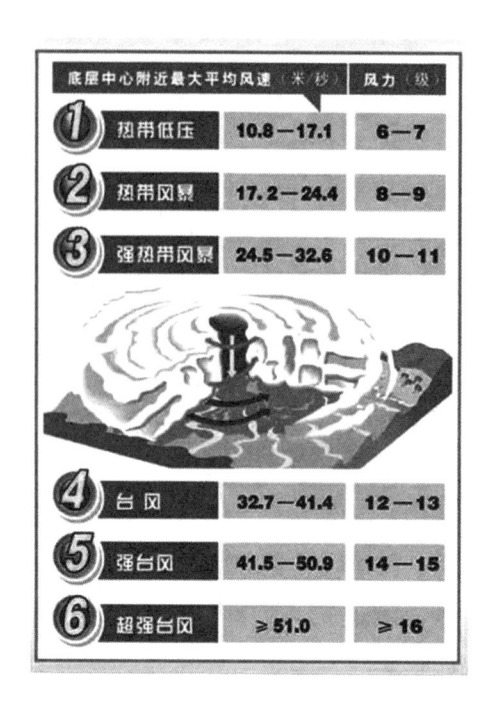

【思考】

1. 分析台风从形成到消亡的级别变化过程。

2. 分析台风形成的影响因素。

3. 推测怎样的热带气旋更容易发育成超强台风。

台风"山竹"和常熟

台风"山竹"在广东登陆，单位时间内最大的降雨量，却落在了苏州常熟。据中国气象局统计，此次常熟24小时降雨量达296.5毫米，降雨量全国第一。而以24小时229.7毫米降雨量排名第二的海门，也位于江苏省，其他降雨量前十的城市，有6个在广东省。这千里之外的粤港澳地区被台风"山竹"横扫，为啥雨下得最大的却是常熟呢？

按照气象专家的说法，这次台风"山竹"的体量巨大，外围环流基本影响广东、浙江、江苏，通常台风登陆点，并不是降水最强的地方，降雨量最大的地方是在所谓的"台风倒槽"。通俗地说，就是气流在这些地方出现了突然的逆时针大转弯，江苏目前正处于副热带高压北侧云系的西南气流上，倒槽上偏东气流带来充沛的水汽，与入侵的北方冷空气相遇，凝结出超强的大量降水，常熟和海门正好处在这个降雨带上，因此"山竹"广东发威，最终雨下得最大的反而是千里之外的苏州、南通。

【思考】

1. 根据台风"山竹"带来的降水特点分布，分析"台风倒槽"出现可能性较大的位置在台风的什么位置，用示意图标识。

2. 2021 年 7 月 18 日河南省郑州市出现了罕见的持续强降水天气，全市普降大暴雨、特大暴雨，累积平均降水量达 449 毫米，请推测出现此次现象的原因。

台风灾害的危害和防御

台风是一种破坏力很强的灾害性天气系统，但有时也能起到消除干旱的有益作用。其危害性主要有三个方面：

① 大风。台风中心附近最大风力一般为 8 级以上。

② 暴雨。台风是最强的暴雨天气系统之一，在台风经过的地区，一般能产生 150 毫米至 300 毫米降雨，少数台风能产生 1000 毫米以上的特大暴雨。

③ 洪涝。台风在淮河上游产生的特大暴雨，创造了中国大陆地区暴雨极值，形成了河南"21·7"大洪水。

④ 风暴潮。一般台风能使沿岸海水产生增水，江苏省沿海最大增水可达 3 米。"9608"和"9711"号台风增水，使江苏省沿江沿海出现超历史的高潮位。

⑤ 台风给广大的地区带来了充足的雨水，成为与人类生活和生产关系密切的降雨系统。但是，台风也总是带来各种破坏，它具有突发性强、破坏力大的特点，是世界上最严重的自然灾害之一。

气象台根据台风可能产生的影响，在预报时采用"消息""警报"和"紧急警报"三种形式向社会发布；同时，按台风可能造成的影响程度，从轻到重向社会发布蓝、黄、橙、红四色台风预警信号。公众应密切关注媒体有关台风的报道，及时采取预防措施。

蓝色预警：24 小时内可能或者已经受热带气旋影响，沿海或者陆地平均风力达 6 级以上，或者阵风 8 级以上并可能持续。

黄色预警：24 小时内可能或者已经受热带气旋影响，沿海或者陆地平均风力达 8

级以上，或者阵风 10 级以上并可能持续。

橙色预警：12 小时内可能或者已经受热带气旋影响，沿海或者陆地平均风力达 10 级以上，或者阵风 12 级以上并可能持续。

红色预警：6 小时内可能或者已经受热带气旋影响，沿海或者陆地平均风力达 12 级以上，或者阵风达 14 级以上并可能持续。

防御指南：

1. 政府及相关部门按照职责做好防台风应急和抢险工作。

2. 停止集会、停课、停业（除特殊行业外）。

3. 回港避风的船舶要视情况采取积极措施，妥善安排人员留守或者转移到安全地带。

4. 加固或者拆除易被风吹动的搭建物，人员应当待在防风安全的地方，当台风中心经过时风力会减小或者静止一段时间，切记强风将会突然吹袭，应当继续留在安全处避风，危房人员及时转移。

5. 相关地区应当注意防范强降水可能引发的山洪、地质灾害。

第六章

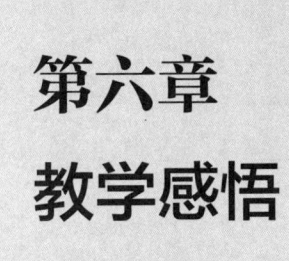

教学感悟

第一节 第一节地理课教"学法"

  高中地理第一课是教师对新生组织的第一次地理课堂教学。心理学上的"首因效应"告诉我们，当人们第一次与某人或某事物接触时会留下深刻的"第一印象"，这比以后获得的认知信息对事物产生的作用更强、持续的时间更长。可见，高中地理的第一节课对学生的影响是非常重要的，直接影响到学生对学科和教师的印象和态度。同时，"良好的开端是成功的一半"，作为教师，应充分认识"第一课"的重要性，围绕特定的目标和任务，精心准备，使其产生最大化的效果。

一、了解学生学情

  在学生升入高中之前，对地理知识已有一定的储备。不同的学生对地理学科的理解不同，深度和广度也不同。因此，教师有必要通过各种方式了解学生学情，根据学生的学情来介绍地理学科。如通过提问学生身边常见的地理现象，让学生找出该现象与地理的相关联系，从而了解学生的学情，为下节地理课做准备。

二、激发学生的兴趣

  当今社会，地理学为人类解决人口、资源、环境和发展等问题做出了巨大的贡献，但是地理科普工作却落后于时代的步伐，社会上存在的轻视地理学的现象，甚至影响到了中学地理的教学。根据调查发现，初中阶段的学生大多把地理课定位为"副科"，学习兴趣不高，学习意向不浓。很多地理教师是兼职，并不是专业的地理教师，课上大多照本宣科，学生课后也没有相应的巩固复习。因此，高中第一堂地理课，教师要充分利用各种有效资源，打好"广告"，吸引学生对地理的关注，激发学生对地理的兴趣，从而为学生以后主动学习地理奠定良好的基础。如：在第一课时，教师可通过"衣食住行"四个方面来让学生认识"地理"，让学生明白，在我们身边很多习以为常的事情都和地理息息相关，在平时的生活和学习中，我们应该多用地理的眼光去观察周围的生产和生活，用地理的方法和手段去解决遇到的困难和问题，所以说地理是我们生产生活中非常实用的一门学科。

三、介绍地理学科

  地理学是研究地球表面各种自然现象、人文现象以及它们之间相互关系的学科，它是一门综合性的基础学科。由于各地区存在差异现象，而这些现象又包括自然现象和人文现象，因此，地理学研究属于一个自然科学和人文科学的交叉学科。自然地理主要包括大气、水、岩石、土壤和植被等要素，这些要素共同构成了自然地理环境。地理学不仅要了解这些要素的成因还要了解它们的空间分布规律。另外，除了自然地理，学生们还要学习相关的人文地理。人文地理主要是学习人口、城市、农业、工业、交通这些要素、成因及规律等，即人类的生产生活的区位选择问题，并且要学会应用于我们的生产生活实践等，而这些都建立在区域地理之上。所以，学生在学习中还要学会读图、看图、认图、作图等地理学习能力。

四、介绍学习方法

鉴于高中地理知识具有一定难度，在此，我简单说明一些学习方法和要求。学无定法，方法要因人而异，不能照搬。但无论哪种方法都要做到专注、高效、自信。首先，必须重视地图。地图是地理学的第二语言，它可以容纳无数的地理知识，学会读图、用图、画图，这样地理学起来会很轻松。其次，要求理论联系实际，学以致用，要善于用地理的眼光发现并思考发生在我们身边的自然现象，要求学生做一个有心人——多读报、多看新闻。再次，明确科学都有规律可循，地理课的学习一定要把重点落在"理"上，重理解、找规律，不能一味地死记硬背。最后，让学生掌握一套地理学科的基本学习方法——把区域及其地理事象的"地"和"理"有机整合，形成"在哪里"（where）、"有什么"（what）、"为什么"（why）、"怎么办"（how）的地理学习能力，能对存在的问题和原因提出解决的措施和建议。通过这套地理学习主线，形成地理的基本素养和品格，最终培养具有地理素养的现代公民。

五、提出上课要求

让学生了解关于高中地理的学习情况。首先，在高中地理学习中，高一每周安排2节课时，高二和高三选修班会相应增加课时。但是，地理课时还是比较少的，并且根据学校要求，地理课后也不能占用学生太多时间，因此，学生要提高课堂效率，教师应提出课堂学习的要求，如认真听讲、做好笔记、课后巩固等。其次，要提醒学生在上课时动起来。学生在上课时不能仅仅以听讲为主，还要与教师配合，与同学探究，做到师生互动，生生互动。改变传统的学习方式，进行多元化学习。再次，根据地理学科的特殊性，学生在学习时不仅要动脑，还要动手；不仅要记笔记，还要学会作图，很多地理规律可以通过画图来分析归纳。最后，要求学生理论联系实践，将课堂中的地理规律与生活中的地理现象相联系，这样才能更好地学习地理，学以致用，活学活用，提高效率。

高中第一节地理课虽然对具体教材内容涉及不多，但是教师如何做好正确的引导，让学生对地理有个正面、全新的认识，对其今后的地理学习生活是十分重要的。所以如何上好高中地理第一课，是值得我们教师深思的。

第二节 地理教学需要把握学情

奥苏伯尔曾说过:"影响学习最重要的因素是学生已经知道了什么,教师应根据学生的原有知识进行教学。"这就是所谓的学情。学情是指学习者在某一个单位时间内或某一项学习活动中的学习状态,它包括学生已有的知识、学生过往的生活经验和生活常识、学生的年龄和学习心理特征、特定的内容与学生学习能力的偏差、学生学习风格、习惯、兴趣的差异等诸多要素。它具有客观性、动态性、可知性、多样性、可变性等特征。学情分析是教学目标设定的基础,也是教学内容分析(包括教材分析)的依据,还是教学策略选择和教学活动设计的落脚点,是地理有效教学的起点与归宿。正如著名教师于漪所指出:"学生的情况、特点,要努力认识,悉心研究,知之准,识之深,才能教在点子上,教出好效果。"

一、开发导学案,强化学生学情反馈

研究学情,教师可自行研究开发"三位一体"导学案,而导学案可按照"课前预习导案——课堂探究学案——课后巩固提升案"三位一体的学案模式。预习学情反馈的环节主要是想通过学生对教材文本的阅读和相应内容的填写,在对教材相应内容有一个全面的了解后,通过学案中的自我检测,发现自身在知识领悟方面存在的问题,这一环节有助于教师在进行新授课和复习课的备课时,能够及时将学生的难点和困惑点融入其中,从而提高课堂学习效率。课后巩固反馈的环节,主要是通过学生在做题过程中对自己学习情况有一个大体的了解,并将这一情况反馈给教师。一方面可以使教师对下节课的教学计划可以根据学情进行调整,另一方面使讲评课能更加高效,更有针对性,真正起到查漏补缺、提升能力的目的。

二、问卷调查,有效制订教学计划

为了解学情,有效制订教学计划,可进行问卷调查。首先要确定调查目的,即教师制定问卷调查想要了解什么?其次是确定调查对象,即学生,是全部学生、部分学生还是个别学生?再次是确定调查内容,根据不同的教学内容,制定不同的问卷调查。内容不必太多,包含各主要知识点即可。在选题时可选择学生身边的、乡土的、感兴趣的内容。最后分析问卷结束的学情调查结果,教师应根据查问卷的结果认真分析学生学情,然后制订符合学生情况的教学计划。

三、摸清学生的知识储备,找准"最近发展区"

教师通过"备学生"这个环节,了解学生的认知结构。在此基础上,教师要着手找准"最近发展区",即学生的现有水平与可能的发展水平之间的差距。余文森先生指出:"只有针对最近发展区的教学,才能促进学生的发展。发展的过程就是不断把

最近发展区转化为现有发展区的过程。"教师不仅应该了解学生现有的实际发展水平，而且还要了解学生的潜在发展水平，寻找其最近发展区，把握"教学最佳期"，以引导学生向着潜在的、更高的水平发展。能否根据学生的"最近发展区"恰当定位地理教学起点，在很大程度上影响着地理课堂教学效率和效果。通过"最近发展区"的不断重建，促进学生的智力由潜在性发展向现实性发展持续转化，"不停顿地把儿童的智力从一个水平引导到另一个新的更高的水平"。总而言之，只有从学生的实际学情出发，恰当定位教学起点，地理课堂教学才能是高效的。

四、把握学生的认知能力，定位教学目标

教学目标在教学活动中处于核心位置，它决定着教学行为，既是教学的出发点，又是教学的归属，同时它也是教学评价的依据，它既有定向功能，又有调控功能。学生的学习起点、认知特点、认知风格和态度是制定教学目标的重要依据。教学目标的制定切忌理想化，不切合学生实际学情的教学目标没有任何实用价值，也是不能实现的。教学目标需从三个维度来进行分析、制定，既考虑到学生知识能力的基础，也要考虑过程方法以及情感、态度价值观。其中，在制定知识与技能目标时，要关注学生的个体差异，包括不同的知识储备、认知水平、思维特点、学习需求；在制定过程与方法目标时，要尊重学生在学习过程中的独特体验和个性特征；在制定情感、态度与价值观目标时，要充分考虑学生在情感、态度方面的适应性，并对学生情感态度与价值观的形成进行正确引导。

五、了解学生的生活常识，构建新的认知结构

建构主义教学理论认为：在学习科学课程时，学生的头脑里并非一片空白，而是基于原有知识经验背景的建构；学习过程不是接受现成的知识信息，而是基于原有经验概念的转变。高中生在自然和社会环境中生活了十几年，已经具有了一定的生活经验，他们在学习某一地理知识之前，头脑里已经蕴含了许多最真实、最自然、最形象的地理事物、现象和问题，它们为学生学习新知识建构了大量的朴素概念或前科学概念。这些前概念指导或决定着学生的感知过程，还会对学生解决问题的行为和学习过程产生影响。但不同的学生，如城市与农村学生、沿海与内地学生、高年级与低年级学生等，他们的过往生活经验、生活常识存在差异，有的还很明显。所以教学中教师要针对教学内容，确定学生需要掌握哪些知识、具备哪些生活经验，通过各种有效渠道去了解学生已经具备哪些知识经验。可以通过单元测验、摸底考查、问卷调查等较为正式的方式，也可以采取抽查或提问等非正式的方式。如果发现学生知识经验不足，一方面可以采取必要的补救措施，另一方面可以适当调整教学难度和教学方法，为有效构建新的认知结构扫除障碍。

第三节 建立学习地理的激励机制

所谓激励教学，就是在教育教学工作中，用有效的教学手段，调动学生热情，激发学生潜能，发挥学生的主动性和创造性，以实现共同目标的过程。教育激励的主体是教育工作者，主要是教师，有时是学生家长，有时是教育组织机构；教育激励的客体（对象）是受教育者，即学生；教育激励的目的，是激发学生努力学习，积极上进，有时是为了矫正学生的不良行为习惯，使其按激励者所期望的轨道和方向前进。

美国行为科学家爱德华·劳勒和莱曼波特提出一种激励理论。该理论认为，激励力=效价×期望值。效价指一个人对某一行动或成果的价值评价，它反映人对某一成果的重视和渴望程度；期望值是人对某一行为导致特定成果的可能性或概率的估计与判断。激励力则是直接推动人们采取某一行动的内驱力，只有当人对某一行动的效价和期望值同时处于较高水平时，才有可能产生强大的激励力。

一、游戏激励法

游戏激励法，教师可以通过开展游戏活动来激励学生的求学欲望。在学生中间开展游戏活动还是比较有吸引力的。游戏这个环节一般主要针对低年龄段的学生，目的也是能够激励学生完成学习内容，当然对于高中学生来说，也可适当安排。教师可根据教学内容来创设情境，活跃气氛。在教学设计时，游戏活动可以贯穿整节地理课，也可以将游戏设置在某个环节，以达到激励学生的目的。

二、视听激励法

课堂上，教师可以通过多媒体手段播放视频或是音频来激励学生。首先，教师在选择视频或音频时应该紧扣教学内容，以便完成教学目标。并且视频内容不宜过长，一般一节地理课45分钟，所以视频或音频时间不宜超过5分钟。其次，教师在播放视频前可简单介绍视频的内容，提出关于视频内容的一些问题，让学生在观察视频的过程中具有一定的针对性。在播放视频时，可以有适当提示，以便大家能够快速正确地理解。再次，在播放视频后，可以请学生总结播放内容或是回答相关问题，以达到播放视频的有效性。最后，可以选择在导入、结束语或是上课过程中播放视频。在导入时播放视频可以激发学生的学习兴趣，了解教学内容；上课过程中播放视频可以针对某一教学内容，如针对某一知识点进行视频播放，详尽的视频分析可以让学生加深印象；在课堂结束语时也可播放视频，视频可以是对整节课内容的总结，也可以是为开展下节课做铺垫。总之，通过视频或音频等多媒体手段，对抓住学生眼球、加深学生印象、活跃学生思维等具有良好的教学效果。另外，教师也可收集与教学内容相关的材料、图片、漫画、诗歌等，既增加了趣味性，也激发了学生的求知欲。

三、竞赛激励法

教师在开展教学活动时可采用学生之间竞赛的办法来激励学生。在开展竞赛激励法之前，教师首先要准备好学生进行分小组合作讨论。时代要求学生具备合作精神，合作能力。合作学习为学生提供了人际交往的过程，有助于激发学生学习动机。学生学习的过程不是独立的，需要通过观察同伴的行为及成果，归纳总结他人的行为特征，内化为自己的感受，指导自己的行为。教师在进行竞赛教学时可以开展男女对抗赛，或是围绕相同或不同主题开展小组竞赛，或者进行个人抢答竞赛等各种形式的竞赛活动，竞赛结束时可以适当给出相应的奖励，激发学生学习兴趣，调动学生积极性，活跃课堂气氛。教师通过激励的方法，逐步引导学生将学习变为兴趣。

四、实践激励法

地理实践活动可以在课堂展开模拟实践，可以在校园展开校园实践，也可以在野外展开野外实践活动，目的都是激励学生更好地完成学习任务，以达到教学目标。地理实践活动一般分为三个阶段：一是准备阶段，在课前，教师和学生均可为实践活动做好相应的材料和设施及流程安排的准备；二是实践阶段，教师和学生可以根据事先的安排展开地理实践活动，分析探讨解决问题；三是资料整理阶段，根据在实践活动中所解决的问题进行归纳整理，得出结论。

五、角色激励法

角色扮演教学法是一种由学生扮演某一职务的担任者，从而处理这一职务中的某些工作，以体验各种类型人物的心理，使自己和其他学习者从"表演"中受到启示，而改进自己行为的一种教学方法。具体来说，角色扮演就是教师在教学的过程中为学生提供一个真实的、涉及价值争论的问题情境，学生通过扮演剧中的人物，对地理问题进行分析，并尝试用不同的方法去解决问题，从而提高其分析问题和解决问题的能力，并在体验过程中形成正确的情感、态度、价值观念，养成良好社会行为的教学模式或方法。学生的沉浸式扮演，能够更好地激励学生认识、解决问题。

六、评价激励法

《中学地理课程标准》指出：在评价学生解决问题的能力时，应注意让他们知道解决问题的过程和获得的结论这两方面的优点和不足，不能用唯一的标准衡量学生解决问题的结果、结论，评语应以鼓励为主，指出的问题要恰当、得体。

教师对学生的回答容易出现种两种情况，一是答而不评，使答题学生不明所以；二是评价过度，使更多想发言的同学不再积极主动，降低学生的积极性。激励性评价应具有启发性、赏识性、激励性、反思性等特点，以激发学生的学习积极性和主动性。

第四节 优化地理教学设计的四个方法

目前，许多教育家对教学设计多有研究，并且已有诸多成果。这些成果对发展教育理论和深化我国的教学改革发挥了积极作用。在地理教学改革中，深入开展地理教学设计研究，对于将先进的教学理念指导转换为教学实践，减少和克服地理教学活动的盲目性、随意性，增强和提高地理教学活动的有效性和可控性具有重要意义。掌握地理教学设计的基本方法、提高地理教学设计质量以及提高地理教学效果成为目前优化地理教学设计的基本方向。

地理教学设计应有利于学生认识人地关系，理解协调人地关系的基本途径，懂得可持续发展的重要性。地理事物之间存在着各种关系，从不同角度看，有空间关系、因果关系、层次关系、包容关系、并列关系、利害关系等错综复杂的多种关系，它们共同组成了绚丽多彩的大千世界，其中最重要的是空间关系。地理教学设计中突出地理事物的空间关系是促进学生地理智慧成长的有效途径。在教学设计中，应考虑到学生在教学中的主体地位，并能够发挥学生在地理学习过程中的主观能动性。从学生在地理教学活动中的认识方式看，他们主要是通过听讲观摩、阅读课本、识图用图、形象感知、思维操作、计算操作、解题练习、质疑问难、情境探索、讨论交流等方式，学习、理解和领悟地理科学知识与价值观念，养成行为技能的。所以，地理教学设计要注意通过以上这些认识方式，结合学习内容为学生积极主动的学习创造情景、提供条件。

当今世界许多著名的教育家根据他们的教学思想，提出了多种教学策略，其中影响深远的有接受式教学策略、发现式教学策略、范例式教学策略、"最近发展区"和"一般发展"教学策略等。这些教学策略设计都有一定指导意义，执教者可根据地理教学内容进行选择借鉴。

一、接受式教学策略

接受式教学策略以美国教育心理学家奥苏贝尔的有意义的接受性学习理论为依据，它的一般教学策略过程是：

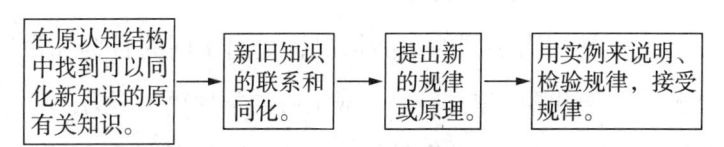

在原认知结构中找到可以同化新知识的原有关知识。 → 新旧知识的联系和同化。 → 提出新的规律或原理。 → 用实例来说明、检验规律，接受规律。

图1　接受式教学的一般过程

二、发现式教学策略

发现式教学策略以美国著名教育家布鲁纳的学习理论为依据，该策略是目前在世界范围内大力倡导的一种教学策略。发现式教学策略的教学过程的基本步骤是：

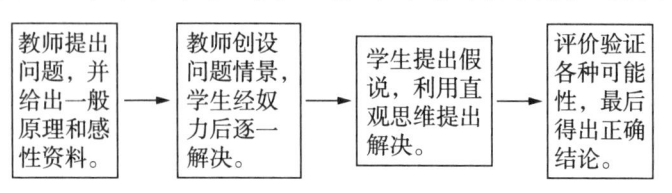

教师提出问题，并给出一般原理和感性资料。 → 教师创设问题情景，学生经努力后逐一解决。 → 学生提出假说，利用直观思维提出解决。 → 评价验证各种可能性，最后得出正确结论。

图 2　发现式教学的一般步骤

三、范例式教学策略

范例教学策略是德国教育家瓦·根舍因提出的。范例式教学是指通过有典型意义的、能说明问题的事例来进行讲解，通过对典型事例的剖析，学生能举一反三，触类旁通，获得对事物本质的规律性认识，从而能够积极地、主动地学习，获得知识，培养能力，形成正确的情感和态度。范例式教学策略的教学程序为：

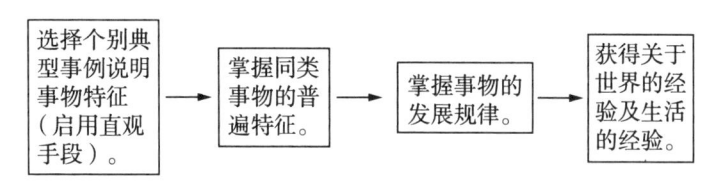

选择个别典型事例说明事物特征（启用直观手段）。 → 掌握同类事物的普遍特征。 → 掌握事物的发展规律。 → 获得关于世界的经验及生活的经验。

图 3　范例式教学的一般步骤

四、"最近发展区" 与 "一般发展" 教学策略

苏联教育家维果茨基提出"最近发展区"的教学思想。这一思想是把学生的发展水平分为两种。（1）现有的发展水平，即指"学生现在能够独立完成的智力任务"。（2）"最近发展区"，是指学生"潜在"的发展水平，即目前暂时不能独立完成，但在教师或家长的指点下，学生经过努力可以完成的智力任务。教学应走在发展的前面，使学生"跳一跳、能摘到桃子"，将"最近发展区"转化成为发展水平。其教学要领包括以下两项。

1. 在课堂上有步骤、分层次地向学生展示知识结构。在两个层次间设置思考题，引起学生求知欲望，并经过一番努力找到正确答案。

2. 针对学生智力水平层次不同的实际情况，提出不同的目标和设置相应的练习题，这样就能让水平较差的学生建立信心，成绩好的学生更加努力。

教学方法和教学媒体的选择是地理教学设计中最具灵活性和创造性的内容。教学媒体是承载和传递教学信息的载体，教学媒体在教学中的重要性体现在：能有效地促

进学生对地理知识的理解和掌握；有利于激发学生地理学习的兴趣、情感，形成良好的个性品质；有助于对学生地理技能的培养。选择地理教学媒体时应遵循以下基本原则：应与教学目的、教学内容相统一；与教学方法相匹配；与学生认知水平相容；尽可能做到媒体表现形式美观、表现手法具有创新性、多种媒体组合，发挥多感官的功能，体现媒体的先进性和组合性。

第五节 教材"活动内容"的实施

地理《课程标准》中提出要关注课堂"活动教学",教材中已经设置了"活动""阅读""思考""问题研究"等栏目,教师不仅可以利用这部分内容,还可以根据实际的上课情况添加其他活动内容。活动教学就是教师将地理知识、原理及规律性的东西通过活动内容呈现出来,或者让学生运用地理知识、原理及规律来解决活动中的问题。教学实施是综合运用所学的地理知识,开展以学生为主体,以实践性、自主性、创造性、趣味性为主要特征的多种活动内容的教学形式。活动教学是以地理课程标准为指导,包括学生的读图、小组讨论、角色扮演、实验、辩论、调查、野外考察等形式的活动,是以促进学生整体素质的提高为目的的一种新型教学观和教学形式,类似情境教学。

从现在的教学现状来看,教师占主导地位,学生占主体地位。因此,教师负责引导,学生负责学习。而在活动教学中,学生可以在一定的情境之下完成学习任务,以从而达成教学目标。

一、选取活动内容

在选取活动内容时要根据具体的教学目标以及教学重点难点来确定。根据学生情况设置问题,不宜太易或太难。问题需要层层推进,由易到难,还要符合学生的认知水平和"最近发展区"。活动内容可以是教材内容,也可以是生活中的地理现象、社会热点等。总之是能够针对教学任务,符合学生学情的地理活动内容。当然,教师在准备活动材料时也可以让学生参与,师生共建资料库,使得活动内容可以更好地服务于课堂。

二、活动准备

地理活动形式繁多,如地理实验、地理实践、地理探究、地理考察、角色扮演等。首先,根据教学内容和目标设计活动方案。活动可以是教材活动,或是自己设计的活动方案。活动方案的设计要具有可操作性、合理性、科学性,最好还有趣味性。其次,根据活动方案的设计做好课前准备。如果是学生的实验活动,那么要事先准备实验器材,创造好实验环境,并且让学生做好预习工作,让学生明白实验的目的和操作过程。若是野外考察,那么教师应事先规划好考察路线、考察内容、考察目的等。若是角色扮演,那么,教师应提前准备教学内容的资料,让学生明白扮演的角色及需完成的任务。若是地理探究活动,那么教师应提前准备好探究情境和探究问题,让学生事先有思考的空间。

三、活动实施

我国著名的教育家陶行知先生认为"教学做合一"是"活动教学"的深刻体现。"活动教学"的中心在于"做",该教学方法论实际上是把传统教学中的"以书本为中心,以文化知识为中心"转移到"以实践为中心,以实际生活为中心",它克服了传统教育中重教不重学,重知不重行的缺点。因此教师在组织活动教学时,要充当好"助产士",要做到引导启发学生,让学生在"做"的活动中能够掌握地理知识,真正做到"做中学"。首先,教师要确定学生的主体性。在开展活动教学时,教师应努力营造学生自主学习探究的氛围。当学生遇到问题时,教师并不是立即去解答,而应该思考如何去引导,调动学生探究的积极性,完成教学任务。其次,教师应强调活动的目的性。活动时,由于学生处于自由的状态,为防止教学失控状态的出现,教师要能够有效、有序地组织教学,要明确学生的活动目标。再次,教师在开展活动教学时要有灵活性。灵活性可以是指对活动内容的灵活应用,也可以是指当学生活动超出教师预想的范畴时,教师也可以灵活解决问题,而并不是喊停。最后,活动教学应具有完整性。每一项实践类活动的实行都需要关注其完整程度。完整性包含的要求有教师对实践类活动进行教学设计的完整性和学生开展活动的完整性。一般来讲,教学活动设计应该是相对完整的,但由于学生活动变数比较大,课堂时间有限,所以教师在组织教学时间的安排上要尽量注意学生活动的完整,以完成教学任务。

四、活动评价

《高中地理课程标准》的评价理念指出地理教学的评价,既要关注学生的学习结果,也要关注学生在学习过程中的变化与发展,关注学生情感、态度和价值观的变化,提倡多种评价手段、评价方式。因此,在活动教学评价中,我们可以采用过程性评价、诊断性评价和终结性评价并举的评价方式,确定其"活动教学"是否达到预期的效果,并以评价结果作为活动教学中活动设计、活动内容重组、筛选的依据,从而重新调整活动设计。从这个意义上来说,评价的最重要目的就是改进,是为了教师和学生更好、更全面地发展。因此,我们应该建立多元化的"活动教学"评价机制。

评价机制可以分为两类,一是评价教师,二是评价学生。

1. 评价教师

对教师的评价是多方面的,可以从活动内容设计、课堂教学过程、学生掌握情况等多方面评价。将活动教学的实施情况纳入对教师教学水平和教学成果的评价,改变了传统评价中以学生考试成绩好差来评价教师的现状,有利于帮助教师形成合理的发展需求,能有效地激发教师内在的发展动力,从而促进教师的可持续发展。

2. 评价学生

对学生的评价也是多方面的，可以从活动的准备、活动的参与、知识的掌握、学生的应用能力等多方面评价。因此，教师在活动教学中，不仅要关注学生学习的质量，更重要的是关注学生的学习过程，包括学习的态度、目的、情感、方法、效率等。这样才能全面、客观、公正、准确地评价学生，并有利于他们的长远发展。

第六节　乡土地理教学培养学生创新能力

17世纪夸美纽斯在设计地理课程时，强调了地理课程必须从乡土地理学习开始，要求学生在他们生长的地方，"学习山岳、山谷、平原、河流、村落、城市或国家的性质"。许多地理学家更是从地理学科具有很强的实践性的特点出发，强调乡土地理教育的重要性和必要性。

乡土地理即本乡本土的地理，它的范围大致从人的视线区域到县市级区域。"乡土地理"作为区域地理的核心课程之一，是"中国地理"课程的延伸和实证，承担着主要的实践任务。"乡土地理"是贯穿地理综合问题的关键课程，集理论、实践、技能于一体，教学的首要目的是培养学生的地理观察、分析、实践能力。目前"乡土地理"教学强调地方性、实践性，侧重于对本乡土范围内以资源、人口和环境为核心的乡土地理概貌的介绍，或是以专题讲座的方式探讨区域的热点问题，再者就是通过展示地理现象或提供地方案例，开展认知型和验证型的教学实践活动。与"乡土地理"课程的功能定位相比，目前开展的乡土地理教学更要充分挖掘课程的功能，为创新教育创造条件。

江泽民同志指出"创新是一个民族进步的灵魂，是一个国家兴旺发达的不竭动力"。"如果不能创新，不去创新，一个民族就难以发展起来，难以屹立于世界民族之林"。

创新能力的培养首先是激发学生的创新意识，具有发现问题、积极探索的心理取向。为了诱发学生的认知兴趣和好奇心，教师需要从身边现实的问题入手，通过教师提问、设置情景等方式引导学生关注身边的地理、生活中的地理，将课本知识与日常生活、社会实际紧密结合起来，比如校园里不同土地覆盖下的温湿度的差别，比如每个学生每天消耗的资源、产生的废弃物需要多少土地生产和消纳。提出问题引发学生的好奇心，加上熟悉的问题情景让学生倍感兴致，兴趣，从而促使学生产生探讨、解决问题的冲动。进而，鼓励学生提出质疑，自己提出感兴趣的问题开展研究。

乡土地理教学要实施创新教育，主要有以下几步。

一、准备阶段

乡土地理教材的编写结合高中地理课程内容，遵循乡土地理教材的思想性、科学性、时代性、实践性、可读性、实用性等特点，编写一些基础性乡土地理的教材，让学生对乡土形成基础的认识。教材的编写可作为校本课程、地方课程来开发。校外基地的选择让地理课走出教室、走向自然、走进社会是学生的呼唤，给学生一片蓝天、草地,还学生一片自由活动空间是时代的要求。乡土地理的实践活动是培养学生地理创新思维和创新能力的最重要手段。让学生走出教室是乡土地理具有实践性的具体体现。同时,应选择典型性强、教学素材丰富、教育意义深远、考察点布局合理、交通便捷的地点作为相对稳定的实习基地。

二、课堂探究

结合课程内容,制做适当的课堂研究报告书,引导学生分析课前调查获得的资料,指导学生在课堂进行探究学习。由于设计的是综合命题,需要学生在实践的过程中,对乡土地理要素的组成结构、演变和分布进行描述、比拟和联想,通过调查、测量获取资料,进而整理数据、分析资料,这个过程会运用到比较、归纳、推理、判断等多种逻辑思维方法,有助于学生掌握正确的思维方法独立分析事物,解答问题。培养学生创新思维的同时,对图、文、数据等乡土地理信息的分析和处理,需要运用到多门课程的理论基础知识和多个地学软件,这个过程有助于学生地学统计分析、地图制图能力的培养,这也是开展创新工作的基础技能。乡土地理课程学生的科研能力培养给予了启蒙,提供了思维空间和操作平台。

三、拓展应用

用所学知识分析解决地理问题,理论联系实际,结合所学知识分析身边的地理现象,并对家乡的经济发展提出合理化建议。整个教学程序如下图所示:

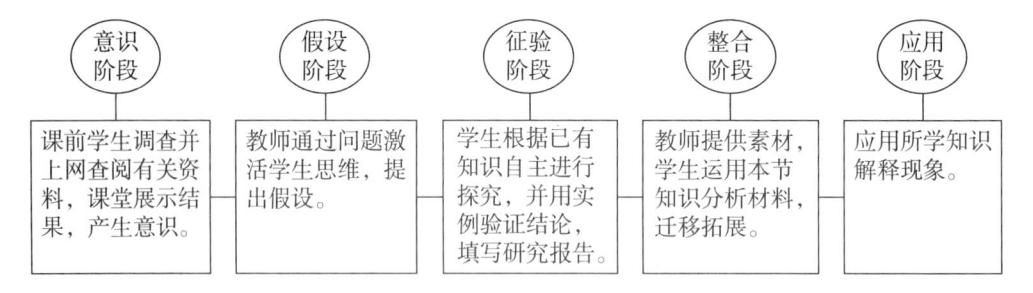

意识阶段	假设阶段	征验阶段	整合阶段	应用阶段
课前学生调查并上网查阅有关资料,课堂展示结果,产生意识。	教师通过问题激活学生思维,提出假设。	学生根据已有知识自主进行探究,并用实例验证结论,填写研究报告。	教师提供素材,学生运用本节知识分析材料,迁移拓展。	应用所学知识解释现象。

开展乡土地理教学实践,在有限的课堂时间内注重对乡土地理教学基本原理和过程的讲解与示范,通过科研项目管理的方式组织课程实践活动,有助于培养学生的创新意识、思维和技能,从而综合提高创新能力。

四、学生评价

通过课堂、校内或校外乡土地理的学习,按照一定的指标对学生的创新能力进行分析评价,根据评价情况,教师可以对该节课作出归纳总结,并且在以后的乡土地理的教学中进行适当调整,以培养学生的创新能力。

实施创新教育以乡土地理为背景,以地理学科为工具,进行探究性学习,培养学生发现问题和解决问题的能力；培养学生收集、分析利用信息的能力；培养其科学态度及对社会的责任心和使命感。虽然乡土地理是我国当前地理教学的一个重要环节，但是由于应试教育的影响，很多学校并没有真正开展落实乡土地理，乡土地理教材几乎为零。所以地理教师不仅要进行地理教学，还要认真完成具有本学校特色的乡土地理教材的编写。乡土地理教材除了应具有鲜明的地理性、严密的科学性、强烈的思想性等地理教材的共性外，还应具有符合乡土人情风茂、时代发展、具有实践性等独具的特点。在编写时还应注意避免乡土地理教材成为纯粹的乡土知识介绍，与地理学科知识脱离的现象。

第七节 "教学案一体化"的利与弊

教学案一体化是指教师在备课过程中既要设计教师的教学活动，又要设计学生的学习活动，使教师的教与学生的学融为一体。教学案一体化可以真正实现教、学、做合一，激活日常教研和课堂教学；可以促进学生的自主学习，把学生的自主性学习变成可操作的程序。一体化教学案是教师在充分了解学情、熟悉教材及课程标准等内容的基础上认真研究、精心设计而生成的，它是教师劳动的成果和智慧的结晶。一份完整的教学案一般包括四个部分：一是教材分析，具体环节包括教学目标、教学重点、教学难点、教学方法；二是教学过程，具体环节包括导入、学习过程；三是板书设计；四是教学反思。

《现代教学论》认为：学为主，教为导，学是为了会学，教是为了不教。基于这种观念，在教的基础上研究学、设计学，促成教与学的协调运作，匹配优化，对提高教学质量具有十分重要的作用。为此，教师的备课应由单纯的备教转移到既备教师的教，又备学生的学及教与学的匹配上，备课教案也应是备教与备学有机结合的统一体，即教案学案一体化。

一、提高课堂的教学效率

教学案一体化教学模式在提高课堂教学、促进学生自主能力发展等方面具有优势。采用"教学案一体化"的教学，克服了传统教学模式中学生学习的机械性、盲目性，缩小了因智力因素带来的接受能力的差异；提高了课堂学习的密度和效率；培养了学生获取信息，分析、讨论、利用信息解决问题的能力；保留了课堂学习过程的完整资料，有助于学生课堂的自主学习和课后的反省性学习；教学案一体化教学，可利用浓缩的各种信息资源来支持学生的自主学习和协作式探索，充分发挥学生的主体作用，真正做到带着学生走向问题，让学生在参与中巩固内化知识，发展情感，形成能力。根据新课程内容安排的特点和新课标的课程目标要求，高中地理课程应该来重新调整课堂教学活动、教学模式以达到提高课堂效率的目的。通过把课堂教学模式在教学过程中细化，才有可能通过教学过程，实现教学改革的目标，把教学改革的出发点、落脚点都放在学生全面素养的提升上，从而显著地提高课堂教学质量。

二、培养学生的地理实践力

教学案一体化体现了地理素养的培养，有利于培养学生的地理实践力。教学案的设计是教师在充分了解学生的疑惑点和教学内容的重难点的基础上专为学生"量身打造"的，真正体现了"以学定教"。然后再应用于课堂，通过教师与学生、学生与学生之间讨论的方式进行交流和互相学习，把教师和学生融为一个"共同体"。通过

"教学案"中相关栏目的设置引导，将学生推向认知的前沿，使学生由传统的被动接收转为主动探究，主动合作交流，并且这一转化通过预习、自主反馈和完成"教学案"得到保证，从而使学生通过参与这些活动获得感悟、体验。学生通过合作探究、小组讨论等形式培养了合作能力、创新能力和探究能力等，同时教师的主导作用通过"教学案"也可得到较好的发挥。"授之以鱼"不如"授之以渔"，从而真正培养了学生的地理实践力。

三、提高教师的专业水平

教学案并不是现成的，而是需要教师们课前编写好为上课做准备的。然而，每节课都要编写教学案这便成了一个巨大的"工程"。因此需要依靠整个地理教研组的集体智慧。集体备课在中学教学中提倡了很多年，但很多学校往往流于形式，有的教师甚至不备课就去上课了，教学的效率可能会大打折扣。教师集体备课是以教研组为单位，组织教师开展集体研读大纲和教材、分析学情、制订学科教学计划、分解备课任务、审定备课提纲、反馈教学实践信息等系列活动。集体备课可以减少因教师的教学年限、业务水平、学科专长和教学经验各有不同，而导致教学水平出现差异等这类问题。通过同科教师的积极讨论，集思广益，博采众长，在讨论过程中相互启发，在思想碰撞中擦出智慧的火花。因此，实施"教学案一体化"也有助于集体备课，集体钻研教材，有利于提高教师的专业水平。

四、教学案一体化的缺陷

教学案一体化，虽然在一定程度上可以激发学生学习热情，重视课堂中的生成，但易出现"学习目标虚化"，基本知识、基本技能得不到扎实巩固等问题。部分学校在对学案概念界定、价值的确定、基本要求尚没有思考清楚的基础上就去实施，必然会制约其实施效果。从实施来看，部分学校只关注编写，不研究合理应用、督查、反馈、整理和修正。有的学校过于看重学案的作用，忽视其他手段作用，走向另外一个极端。有的教师只是照着学案按部就班地让学生回答提出的问题，做练习题，不给学生留有独立思考和思维拓展的时间和空间。这样的课堂，教师不能展现自身的教学特色，学生只能在学案的限制下被动接受，时间长了，学生的学习兴趣就会慢慢降低。在学案导学模式中教案、学案往往分离，最终仍然是教师的教案支配着学生的学案，教师的教支配着学生的学。这就制约了学生多样化发展的需求，学生学习始终处于被动的地位，无法很好地体现学生的主体地位。所以在教学案一体化实施中，不能把教学案作为教学目标、教学方法、教学设计、教学板书的简单罗列，而是作为教育者引导学生分析、探究、处理、整合知识的指导和组织方案，更是学生探求知识、追求未来学习的良好规划。

第八节 互联网下的地理教学

身处"互联网+"时代,我们的地理边界、生活边界和学习边界已被打破。互联网不仅是工具,还是环境,它将传统的教学边界大大延伸,"互联网+教育"的时代正迎面走来。而地理学是一门研究地球表层自然要素、人文要素及其相互关系的科学,具有综合性、地域性、开放性、实践性的特点。传统的地理教学,空间狭小、封闭,眼界限于书本,已不能适应时代对地理学科的要求。在"互联网+"时代背景下,如何将互联网引入课堂,让地理教学与互联网有机融合,打造新型地理教学模式,成为地理教育人必须要面对的问题。

美国著名学者加侬与柯蕾经过多年的实践研究,为广大教师设计出一个在课堂中利用建构主义理论,围绕学生的学习和课程标准安排教学的模板,该模板包含六大基本要素,即创设情境、提出问题、搭建桥梁、组织协作、展示成果和反思过程。以该设计模板为基础,结合互联网与地理学科的特点,可构建"互联网+中学地理"融合教学模式,如图所示。

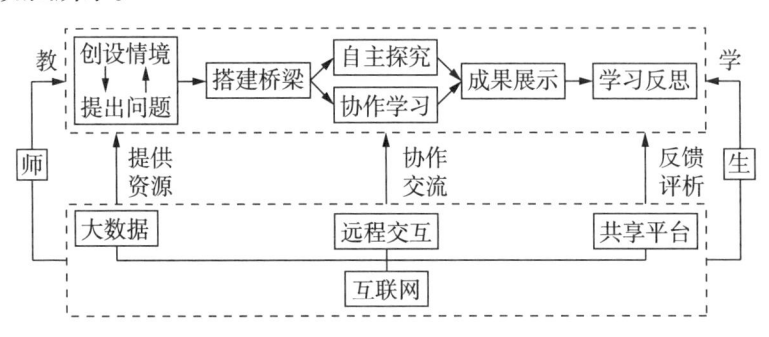

"互联网+中学地理"融合教学模式图

《普通高中地理课程标准(实验)》中规定:"重视对地理问题的探究;强调信息技术在地理学习中的应用。"基于该教学模式,再结合运用现代地理信息技术,利用其直观性和人机交互功能,演示地理现象或地理过程,探究地理问题等,对学生学习地理是有极大帮助的。

一、信息的获取

互联网的搜索功能可以提供海量数据。教师可以根据自己的教学需要,在互联网上获取相关数据或信息,如图片、视频、文献等,为自己的教学提供丰富的素材,为学生的学习提供第一手资料。尤其对于地理教学而言,图片、动画、视频对学生理解某些地理原理更加直观和便捷。而这些东西若要教师自己制作却是要花费大量时间和精力,并且很多教师也不是这方面的专家,制作不易。因此,通过互联网获取大量的信息对地理教学也是十分有必要的。

二、软件的使用

在现代地理信息技术使用中，如 Celestia、Google Earth、GIS、Stellarium 等软件加上互联网，对地理教学的帮助是极其有利的。

1. Celestia（天际遨游）

Celestia 是 Chris 由主导，NASA 赞助，结合众多研发人员的努力而开发出来的一个实用软件。Celestia 是一个免费的开放源代码天文类软件，通过它我们不仅可以鸟瞰地球，还可以畅游太阳系，以及其他多达 10 万颗星，甚至是银河系以外的星座。可以观察星云、恒星、行星、卫星、彗星以及太空船。所有的查看和缩放都非常平滑。我们还可利用各种方式来观看资讯，其中包括：调整时序设定（观察未来将发生的事件）。该软件还包含了巨大的天文数据库，如果原带的这些还不能满足使用需求，我们可以下载和安装扩展信息库。教师在教授《宇宙中的地球》这一章中即可与学生通过这款软件遨游天际。

2. Google Earth

Google Earth 是一款虚拟地球的软件，以三维的形式把大量的卫星照片、航拍照片和地形模拟图像组织在一起，实现从全新的角度来浏览地球。它就像一个可以缩放的立体地球仪，通过鼠标转动地球，缩放世界，大到海陆山川的分布，小到某个城市街道上的一辆车都可以尽收眼底。

Google Earth 的功能非常丰富，与地理实践探索相关的功能如下：第一，强大的地点搜索功能，能够检索并在视窗中切换到要查询的位置。学生在学习人文地理和区域地理时十分有用。第二，显示三维地形，可以浏览许多重要地形的模拟，如美国大峡谷和珠穆朗玛峰等。第三，可以进行探究型实验，例如研究海平面上升对沿海地区的影响。第四，可以进行在线考察，例如分析地区之间的差异时，可进行在线定位分析研究。

3. GIS 软件

GIS 地理信息系统不仅是地理课程标准规定的学习内容，而且其具备的数据管理与查询、制作专题地图、空间分析、可视化表达与制图等功能，均可以进行地理实践探索。学生在学习人文地理和区域地理中均可用该软件分析研究，是地理研究中应用非常广泛的地理信息技术。

4. Stellarium（虚拟星象仪）

Stellarium 是一款免费开放的软件，它使用 OpenGL 技术对星空进行实时渲染。软件可以真实地表现通过肉眼、双筒望远镜和小型天文望远镜所看到的天空。可以用于星座观察、大行星观察、还原历史上的天文事件等，它还被应用于天象馆中。

三、在线互动

教师在进行课堂教学时可展示案例，让学生自由讨论、探究。学生可以通过互联网向教师或同学展示探究结果。教师也可通过互联网观察学生学习的动态及研究情况，随时指导学生，让探究活动更有效果，更有意义。

四、在线评价

通过互联网的及时反馈，教师可以在第一时间掌握学生的探究结果，通过计算机的处理，了解学生的掌握情况。根据这些数据，教师可及时调整教学进度，对教学中出现的问题能及时解决，对某些不能做出正确结果的学生也可及时指导。

在如今"互联网＋"时代，信息技术和教育的结合，逐渐改变着传统的教育教学。面对"互联网＋"时代教育领域的这些变化，中学教师要有一定的准备。丰富的网络学习资源和不断更新的信息技术，为教师专业化发展提供了有利条件，使中学教师在进行教育教学实践的同时，不断完善自身的专业思想、专业知识和专业能力等各方面内容。

第九节 运用地理图像培养思维能力

地理图像是指地理学科中以图形和表格的形式来表现地理事物和现象的特点、发生的过程和原理，以及与其他事物之间关系的可视化表达。地理图像包括地图、统计图表、景观图、示意图、概念思维导图、地理绘画以及地理影片、动画等。地理图像的特点在于用直观形象的图形或表格形式储存和传递地理信息。地理图像是地理学科区别于其他学科的显著特征之一，也是学习地理极其重要的工具。因此，在地理教学中，充分利用地理图像，有利于培养学生的思维能力，也是提高中学地理教学质量极其有效的教学策略。下面列举常见的几种图像。

一、地图应用案例

在展示地图的地理图像时，教师应指导学生如何读图。首先，看图的标题，根据经纬度或海陆轮廓确定范围、主题；其次，看图例注记，发现图像信息；再次，看图像特征，寻找标志事物；最后，看相互联系，全面综合分析。如分析图1，根据图中经纬度、城市名称及图像名称判断该图为中亚部分地区略图；其次图中标有图例，根据图例，学生可判断城市、铁路、河流、湖泊及地形等；然后学生可根据教师引导或题目要求来全面综合分析判断。因此读图不仅可以提高学生的观察能力，还有利于培养学生的思维能力。

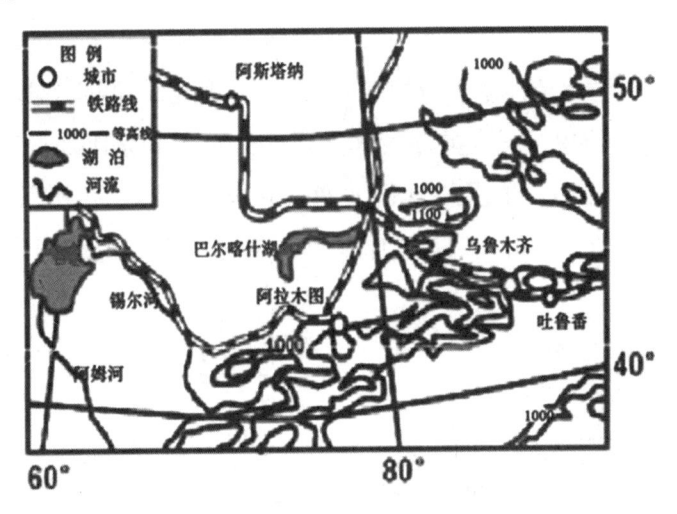

图1 中亚部分地区略图

二、示意图案例

在地理教学中，由于多个地理事物或现象的形成和特点具有共同点或相似性，存在着归纳、演绎以及类比关系等推理关系，教师应该重视它们之间的推理关系，有效利用地理图像，提高学生的推理思维能力，形成有助于记忆的知识结构。如图2，同为热力环流图，但是却演绎出山谷风、海陆风、城市热岛效应三类图像，展示多幅图片让学生根据所掌握的热力环流形成的基本原理，自主分析这些现象形成的原因，进行演绎思维。同时将三者进行类比，找出共同点，进行类比思维和归纳思维，对所学的知识加以巩固和反馈的同时，增强学生的推理表象思维能力。

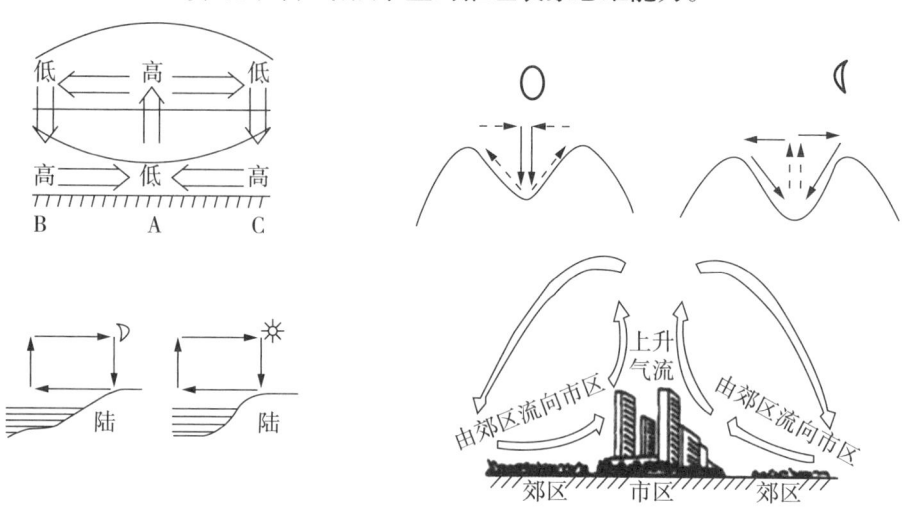

图 2 热力环流图

三、概念思维导图案例

概念思维导图是能够更加清晰地解释文本、整合关系，获得相互联系的一种可视化概念结构图像。地理教材以及辅导书中经常可以见到一些概念网络图或知识网络图，目的是使学生在学习地理概念的基础上，建立起概念之间的逻辑关系。在地理概念思维导图的设计过程中，一定要注意知识之间的逻辑联系以及思维方式的分类特征，确保知识之间清晰正确的逻辑关系。此外，在设计时还要注重逻辑关系的全面性，全面分析知识之间的所有逻辑关系，这样有利于学生对多个知识之间逻辑关系的概括与记忆。如图3、图4：

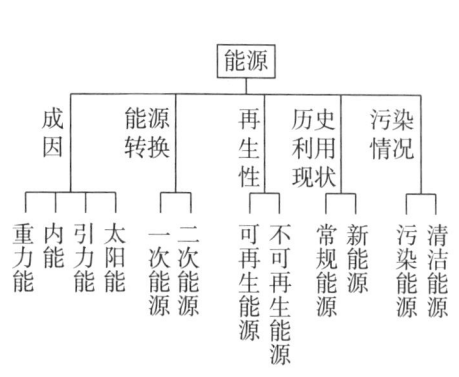

图 3 能源分类种属关系概念图

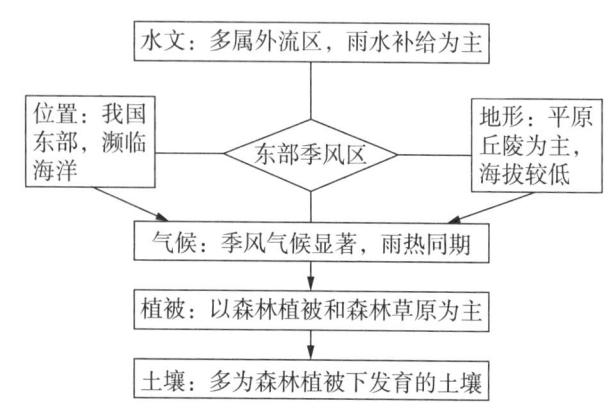

图 4 中国东部季风区属性关系概念图

四、统计图案例

在地理教学中，统计图表也是一种常见的地理图像。教师在指导学生阅读统计图表时应注意以下几点：首先，阅读统计图表的标题，其次观察图尺，统计图例种类繁多，因此图尺也不尽相同，我们可以看出，图5是关于某地区各个月份的各气候要素。再次，判断各个月份对应的气候要素数据及变化趋势。最后，根据要求分析解答问题。该类图对学生的思维能力要求极高，非常有助于学生地理思维能力的培养。

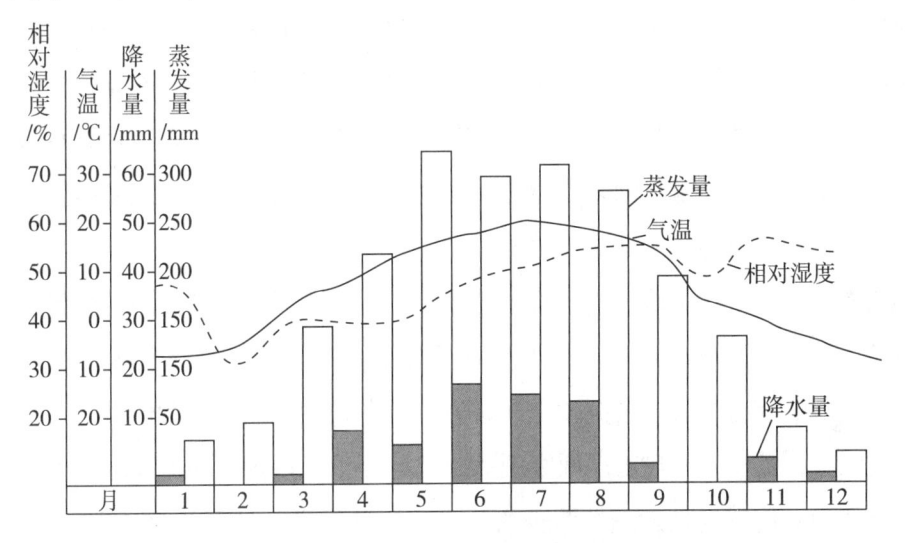

图5 某地气候资料统计图

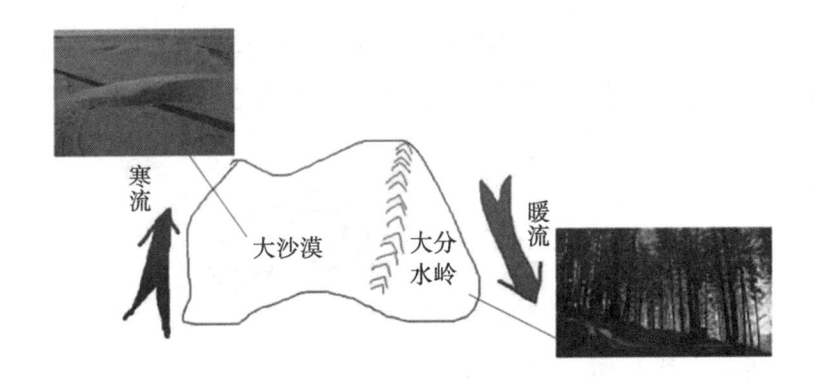

图6 澳大利亚东西寒暖流与景观图

五、复合型图案例

复合型图案例是由上述多种图像构成的图像案例，那么在分析时就应根据不同图像的特征综合分析判断。如图6，在洋流对地理环境影响的教学中，读示意图可以判断，澳大利亚东岸为暖流，西岸为寒流，因此，可以得出结论，由于洋流性质的差异，引起东西岸气候的差异，再影响到东西岸景观的差异。此类图有助于锻炼学生的逻辑思维。

第十节 高中地理要多采用案例教学

莱文的迁移假设理论认为，当一个人在解决问题的过程中，会提出和检验一系列的假设，形成一套解决问题的思考顺序和假设范围。这种通过假设形成的思考顺序和假设范围会影响以后类似问题的解决，并迁移到以后解决的问题的活动中去。而案例教学恰巧具备了迁移假设理论的条件，从而有效地促进问题解决的迁移。案例教学是指根据学生的特点，以学生为主体，在教师的指导下，依据教学目的和教学内容的要求，运用典型案例，把学生带入特定的教学情境中，组织学生通过对案例的调查、阅读、思考、分析集体讨论与交流等系列活动，进一步提高学生综合运用各种科学理论知识进行识别、分析和解决问题的能力，同时培养学生沟通能力、创新能力、创新精神和团队写作精神等能力的开放教学方法。

案例教学有利于学生地理核心素养的培养。中学地理教学除了向学生传授基本的地理事实、概念、原理、规律等知识外，更重要的在于使学生具有观察、分析、判断、解决实际问题的综合能力。案例教学具有突出的实践性特点。在案例教学中，教师引导学生进入案例情境，通过对地理案例的阅读、分析、讨论与交流，培养地理认知能力与观察能力，使用处理地图、图表的能力，信息收集与处理能力，进行野外考察、环境调查、社会访问能力，逻辑思维能力，语言表达能力、沟通能力，以及学生综合运用地理知识分析问题并解决实际问题的能力等。所以在高中地理教学中实行案例教学是十分必要的。在高中地理教学中，案例教学的实施应注意以下几点。

一、案例的选取

1. 典型性

教师选取的案例要具有一定的典型性。典型案例可以是由一个或几个问题组成，内容清晰，材料完整，代表某一类事物或现象的本质属性，概括和辐射许多理论知识，从而使学生能够掌握某一类问题的原理及规律。通过典型案例的呈现，教师引导，学生进行讨论、探究，最终实现教学目标。

2. 启发性

教师选取案例要具有一定的启发性。教学中选择的案例是为一定的教学目的服务的。因此，每一个案例都应能够引人深思，启迪思路，进而深入理解教学内容。

3. 时空性

教师选取的案例要具有一定的时空性。由于地理学科的特殊性，某个案例应具有一定的时空特点，教师在选取案例时可以选择真实的材料，也可以是自己假想的区域，但是都应具备一定的时空背景，这样才有利于学生在一定的时间空间的背景下做出正确的分析判断，突显案例的探讨意义。

4. 合理性

教师选取的案例要具有一定的合理性。教师在选取案例时可以是真实材料，但也可以是自己假想的区域，但是在假设区域时，该区域提供的相关材料应是合理的，不能前后自相矛盾。这样学生才能根据客观规律，找到正确的答案。

5. 适宜性

教师选取的案例要符合学生的"现有水平"和"最近发展区"。教师在选取案例时应符合学生已掌握的知识，在分析问题时不宜太难，也不宜太易，在分析探究案例时也应符合学生的"最近发展区"。

二、案例的开展

1. 环境要求

案例教学要取得良好的效果，其教学模式应有别于传统教学，首先座位的排列应使大家能看到彼此，便于交流、讨论。我国通常每个班级规模都要超过30人，所以若要让学生进行广泛的讨论、探究，应先将学生分为若干小组，每个小组6—10人不等（关键看讨论问题的难易）。并且在安排座位时，以"圆桌式"为宜，而并不是传统教学中的"秧田式"座位。

2. 教师要求

在现在的教学中教师已不是知识的搬运工，而是一名"助产士"。在进行案例教学的过程中，教师要积极地看、积极地听、积极地想，观察学生在案例分析过程中的表现，在学生遇到困难时加以引导帮助，或是加强学生之间的互动，促进问题的有效解决。并且教师要营造好良好的探究氛围，为学生顺利完成案例分析创造条件。

3. 学生要求

在案例教学中，学生是探究活动的主体，学生在开展案例讨论前应充分挖掘该案例的相关信息，利用已有的知识储备，深刻分析教师提出的问题，通过师生互动、生生互动来展开探究讨论，最后解决问题。

4. 案例实施

案例教学在实施过程中分这样几个步骤：

（1）案例呈现

教师在进行案例教学时可提前下发学案，也可在上课时呈现。案例可以是文字、图片、视频、音频等，但视频、音频时间不宜过长。文字、图片应突出重点，文字字数也不宜过多。教师在呈现案例时可指导学生读图、读材料。在收听音频和收看视频时教师也应有所提示，可提出相关问题，或指出重点，这样，学生在观察案例时就有侧重点。

（2）案例分析

学生在分析案例时形式可以多样。学生可通过师生互动、生生互动或角色扮演等多种形式来完成案例分析。解决方法也可以根据具体问题展开。比如自然地理中的一些问题可以通过讨论、画图等方式方法分析解决。而很多人文地理的问题，如区位选择，可通过学生角色扮演深入浅出地进行探讨。教师为了活跃气氛，鼓励学生，也可以想办法让各小组相互比拼。如通过比分、礼品奖励等方式，尽量让学生多参与，更好地完成案例探究活动。

（3）案例总结

为了让学生能够在案例教学中有所收获，在学生激烈讨论之后应让学生自主完成案例探究总结。形式也可多样，可以是图片、文字材料等各种总结归纳。目的是让学生加深印象，锻炼学生的语言、文字表达，以及对知识的归纳总结能力，真正完成学习目标，而并不只是停留在热闹的探究之中。